野村證券 グローバルハウスの
火種

外村 仁
Hitoshi Tonomura

株式会社きんざい

Hitoshi Tonomura: abandoned low-margin trading and brokerage activities

Tonomura puts Nomura's UK arm back on track

A strategy switch has led to a European revival for the Japanese broker, reports **Antonia Sharpe**

On the face of it, railway rolling stock and public houses (bars) do not have much in common with investment banking. Yet by

in the year to end-March 1996, well above the "reasonable" profit he predicted upon his arrival a year ago.

In an interview with the

which are trading below their inherent value, in the hope that their price will rise when the market realises that they are under-valued. In early 1995,

1996年　フィナンシャル・タイムズ掲載

前書きにかえて

野村證券の3代目の社長は奥村綱雄さんである。終戦後、経営幹部が公職追放で退陣するなか、奥村さんは45歳の若さで社長に就任。野村の繁栄の基礎固めをして、中興の祖といわれている。その奥村さんは1971年に「わが半生涯」というエッセイ集を読売新聞社から出版している。そのなかで、若い時に野村の創業者である野村徳七翁からいわれたことを、後日、自分の手で実現することができた、と徳七翁への尊敬と感謝の念を込めて書いている。要約すると以下のようになる。

第二次大戦前、当時の東京電燈（現東京電力）が米国で起債し、野村がおそらく初めて引受・販売に参加した時のこと。野村徳七翁は奥村さんをはじめ、若手社員に東京電燈の起債公告を見せながら、「野村の社名は隅の方に虫メガネが必要なほど小さな字でしか載っていない。相撲に例えれば十両はおろか幕下以下の扱いである。今はこれが当社の実力で精一杯であるが、是非、君たちの手で十両、三役、大関、横綱と昇進出来るよう頑張って欲しい」と野村の将来あるべき姿を示した。若き奥村さんは、この言葉に感銘して世界的なフィナンシャーになろうと決心することになる。

年月が経過して1960年、奥村さんは野村の会長としてソニーのADR発行を手掛けた時、ウォール街の伝統を盾に、野村に日本サイドの主幹事のステータスを認めないと主張する米国の大手引受会社のスミス・バーニー社の幹部と粘り強く交渉し、ついに野村を主幹事に認定させることに成功する。「これは徳七翁の期待を実現しただけではなく、日本の証券会社にとっても輝かしい一歩となった」、と奥村さんは述懐し、若い世代にこれからの課題を新しい旗印のもと次々に達成するように願望している。私がこの本を読んだのは、国際金融部で日本企業の海外での資金調達を担当していた30代半ばの頃である。奥村さんの徳七翁に関する懐旧談が深く心にとどまり、自分なりの旗印を掲げてさまざまな課題にチャレンジしたいと思うようになった。

ちょっと脱線するが、奥村さんは、若い社員と話すのが楽しみであったようで、私が駆け出し社員の頃、どうしたわけか昼飯を食べに来いと秘書を通じてお声がかかった。安月給ではとても口にできない高級ステーキの魅力に引かれて参上した記憶がある。また、メリルリンチ社のトップが訪日した際は、奥村さんが一緒にゴルフをすることになり、通訳代わりに戸塚のゴルフ場へお供をした。もっとも、当時の私はゴルフなどしたこともないので、お二人について回るだけであったが。奥村さんのゴルフは、前述の本のなかでご自身が認めているように、パットを一生懸命にねらうなどということはしない。適当な距離は入ったことにする。実に大人風のゴルフである。ゴルフの後、「うまい天ぷらをごちそうしてやる」と都心の料理屋へ連れていかれた。そこには何の会合か知らないが、野村の役員が数名集まっており、偉い人たちのなかに若造が一人という状態で、せっかくの天ぷらもよく味わえなかった。

奥村さんは雲の上の存在であるにもかかわらず、とても気さくで親しみのもてる人であった。同じ滋賀県出身ということでこちらが勝手に、そう思い込んだのかもしれないが。

ところで、この本を書くことになったきっかけは、BNPパリバ証券の中空麻奈さんに強く勧められたことである。私が野村アセット・マネジメントの会長兼社長時代、彼女は調査部に勤務していた。98年のアジア金融危機の頃と記憶するが、債券運用の担当から、一度中空さんの話を聞いてほしいといってきた。早速彼女に私の部屋へ来てもらうと、いきなり早口で「長銀（旧日本長期信用銀行）の国有化は間もなく決まりそうだから、いまのうちに値下りしている長銀の割引債を買えるだけ買うべきです。さもないと他社に買われてしまう」と熱っぽく語り出した。正直なところ、最初は少しあっけにとられたが、よく考えてみると、彼女のいうことには一理も二理もありそうだ。また、当時ＭＭＦの運用もなかなかむずかしく、運用担当者は苦労していた。「よし、ここはいちばん、彼女の話に乗ってみよう」と決心。私は、その場で「ワリチョー」の購入を決め、担当者に指示した。その後の推移は中空さんの予測どおりで、マーケットは大量の買いが入ったらしいと敏感に反応し、「ワリチョー」の値段は急騰した。

それ以来、私は中空さんには一目置いている。年月はたって、彼女はクレジット・アナリストとして大成し、マーケットの評価も高い。私は野村卒業の後、縁あって10年間お世話になった米国の投資顧問会社、ブラックロック社を２０１２年に引退した。引退パーティーに彼女も来てくれたが、その席で今度は「自分の経験を本に書きなさい」と迫られた。答えを渋る私に「きっと若い人の参考や励ましになるから」と追い打ちをかけられた。これまで、まとまった本を書くなど考えたこともないし、そんな能力があるとも思わないが何しろ15年前の一件の記憶が強く残っているので、これも中空流の「一理ある話」かもしれないと思い、もう少し考えてみることにした。

私は60年に野村證券に入社した。入社そのものも偶然に近かったが、恥ずかしながら、野村に関する知識は株の売買をする会社ということ以外ほとんど持ち合わせていなかった。ましてや、野村に海外業務があるなどまったく考えもつかないことであった。しかし、40年近い野村證券勤めの大半を国際業務畑で過ごすことになるのだから、人生はわからないものである。しかも、私は日本の証券業にとって、まさに国際業務の黎明《れいめい》期ともいうべき時期に入社し、その後の国際化の進展を目の当たりにし、身をもって体験することになる。

再び、奥村さんの本に触れる。50年代、奥村さんは、ウォール街のお偉方の日本観が遅れていることに驚いた。百聞は一見にしかずということで、米国の有力銀行、引受会社、生保、投信会社のトップに証券視察団の訪日を働きかけ、60年の夏に実現させた。この訪日をきっかけとして、日本に対する認識がかなり改善され、ウォール街発の対日証券投資も少しずつふえ始めていった。しかし、63年のケネディ大統領による金利平衡税（ドル防衛の一環）の導入によって、日本への投資資金の流れは一挙に止まってしまった。

　そのような状況の60年代の半ば、私が野村の外国部で最初に担当した仕事は、日本在住の外国人を相手とした日本株のセールスであった。当時は、終戦後米軍の進駐に伴って来日し、そのまま日本に住み着いた米国の軍人や軍属がいいお客さんであり、外国部の主たる業務の対象となっていた。

　日本の証券会社の国際業務はこのようなシンプルな業務からスタートし、その後、欧州を中心とする海外からの対日投資や日本企業による海外市場での資金調達が盛んになるにつれ、次第に国際証券業務らしくなり、年を追うごとに拡大していった。

　私はニューヨークでの海外勤務を経験した後、ロンドンの「シティ」で2度にわたりトップとして現地法人の経営に従事した。1度目は日本がいちばん輝いていた80年代後半。日本株など日本経済の強みをバックにしたビジネスの最盛期であった。サッチャー首相による改革の結果、いわゆる「シティのウィンブルドン化現象」が始まった時期でもある。2度目は90年代の半ば、バブルの崩壊によって日本経済が低迷した時で、業績が悪化した野村の欧州での経営の立て直しが課題であった。まったく対照的な時期の勤務であったが、それぞれに得がたい経験をすることができた。特に2度目はビジネス環境の変化に対応して、日本もの以外の現地ビジネスを促進したので、1度目の日本人中心の経営とは異なり、腕も立つけれど自我も強い外国人幹部中心の組織を経営するチャンスに恵まれた。シティでの競争相手である米国や欧州勢が急速にグローバル化していくなかで、なんとか彼らに負けまいと、欧州における野村流のグローバル・インベストメントバンクの構築に取り組んだ。

このように、私は日本における証券業国際化の夜明けからグローバル化してゆく過程を、野村という会社を舞台にして体験できた次第である。この経験はたまたま、その時代にめぐりあわせたものにしかできないことであるから、書きものとして残しておくのも何かしら意味のあることかもしれないと考えるようになった。特に野村の場合、90年代後半の不祥事を受けて経営体制が一新されたので、それ以前のことはいいことも悪いことも、あまり歴史として語られていないように思われる。私としては「いいこと」が多かったと思うのだが…。

もちろん、その時代の証券の国際業務は、高度にグローバル化し、進化した現代のそれとは似て非なるところが大きいので、私の経験がそのまま読者の参考になるとは思えない。もとより自分の体験をことさらに美化して自慢するつもりもない。「あんな時代にこんなことをした人間もいたのだ」と軽く読み流してもらえばいいと思うが、いくつかの体験のなかには今日にも通用するものがあると思うので書き記しておいてもいいのではなかろうか。さらにいえば、体験の中身はともかく、その背景にあったチャレンジ精神を感じてもらえたら望外の喜びである。私も後期高齢者の年齢に達したので「いまのうちに書いておかないと…」という思いもある。

最近の現象として、日本の有力証券会社による国内回帰の傾向が著しいように思う。リーマン・ショック後の環境の悪化から、とりあえずやむをえないことであったかもしれないが、この傾向が定着するようでは大変心配である。国内個人投資家向けのビジネスはもちろん重要であるが、日本の企業や投資家のグローバル化が進行し、海外M&Aや海外投資のニーズがますます高まっている時に、仲介役を果たすべき証券会社が国内優先のままでいいのだろうか。シティのウィンブルドン化の例にならえば、そのあたりのことは外資系の投資銀行や顧問会社に任せればよいということになるが、日本の場合、そう簡単に割り切ってはいけないと思う。国粋主義のように聞こえるかもしれないが、私はわが国の証券会社に日本の実情にマッチしたグローバルな展開を指向してもらいたいと念願している。端的にいえば、日本の証券会社の株価が、単に東京証券取引所の株価指数や出来高の大小によって影響されているようでは、業容のグローバル化には程遠く、長期的な観点から戦略を構築すべきだと思う。

この点については、後ほど私見を申し上げるつもりだが、まずは私が証券マンとして国際市場であるロンドンの「シティ」でどのような体験をして、どんなことを考えたのかについて読んでいただきたい。途中で退屈して本を投げ出さないことを祈っている。

目次

目　次

第1章　1回目のロンドン──日本を売り込め

私は1984年の秋、マッキンゼー社の主催する海外セミナーに参加していた。ローマのホテルに早朝、東京から電話が入り、たたき起こされた。電話の主は海外営業本部担当の斉藤誠夫《のぶお》常務。直接の上司である。

「外村君なあ、斉藤だけど、たったいま役員会が終わって君は新任取締役候補に選任されたよ。おめでとう。ロンドンの社長をしてもらうことになるから、研修は中断してロンドンを回って帰国してくれ。いいね」

電話はすぐに切れてしまった。かねがね、うわさとしてそのような話を耳にしていたが、まさかこのように簡単に決まるとは思ってもいなかった。寝ぼけて夢をみているような気持ちであった。それにしても、研修はあと一週間で終了するので何もそんなに急がなくても、と思ったが仕方がない。これが野村流である。その日の夜、研修の仲間に急きょお祝いの会を開いてもらいロンドンへ向かった。その後いったん東京へ戻り、ロンドンへの正式赴任は株主総会で取締役就任が承認された12月であった。

海外勤務は初めてではないが、今回は野村の海外店でいちばん規模が大きく業績も好調なロンドンで、しかも新任取締役として現地法人の責任者である。大いに張り切って赴任したが、厳しい日々が待ち受けていた。

いまになって考えれば当たり前であるが、拠点経営のマネジメントは日常の営業だけでなく、管理面全般への目配りも不可欠である。新米拠点長の私はそのへんのポイントがつかめていなかった。当時ノムラ・インターは、ユーロ債市場での実績づくりのため、欧米の投資銀行から招かれた引受案件には極力参加するようにしていた。しかし、独自の販売力が不十分で、引き受けた債券が手持ちとなり値下り損が発生することがしばしばであった。日本株営業は好調であったから、債券の引受額が比較的小さい間は、多少の損が出てもトータルの収益上は問題にならずにいたが、85年に入って引受額が急増したため一挙に問題が顕在化してしまった。

東京から私への猛烈な「教育的指導」が始まった。当時、田淵義久副社長（85年末に社長就任）が海外管掌であった。「引き受けた債券のヘッジはこうすべし」とか「今月の収支はどうなりそうか」などと厳しく指導された。指導というより叱られてばかりといってもよかった。何しろ1日に何回も電話がかかってくるので息つくひまもない。とんでもない時にロンドンの社長になったものだ、役員になぞならなければよかったと心中弱音を吐いたものである。

このような状況は半年近く続いた。秋の東京出張の際、おそるおそる「あの件はその後…」と報告をしようとしたら、田淵さんは「個々の件はもういい。全体を掌握できるようになればそれでよい」という意味のことをいい、あとは何ごともなかったような顔をしている。おそらく未熟な役員に早めに活を入れておこうとしたようであった。大変ありがたいことであった。田淵さんは間もなく社長に就任。私が89年までロンドン在勤中、強力なサポーターとして、私がしたいことをほとんど許可してもらい、思い切ってできたことを記憶している。

さて、84年当時のノムラ・インターナショナル（野村のロンドン現地法人）は、日本の株式や債券の営業を通じて、現地の機関投資家に「日本の強さを売り込む」ことを主要にして最大の業務にしていた。これには数年前からの経緯があるので少し年代をさかのぼってみたい。

野村は64年にロンドン駐在員事務所を開設した。ロンドンは、対外投資のセンターとして長い伝統を誇っているが、66年頃からは、神武景気につながる日本の株式市場の回復に伴い、ロンドン発の対日投資が活発になり始めた。64年に開催された東京オリンピックの成功も追い風になったように思う。

　そもそも、海外からの対日投資は、60年代の初頭、日本を将来有望なエマージングマーケットと評価したウォールストリートから始まった。ソニーやホンダなど当時の若い企業のＡＤＲが米国で発行された。しかし、63年にドル防衛策の一環として「金利平衡税」（対外投資への課税）が発動されたため、米国発の対日投資はストップ。その後はロンドンや欧州が日本株買いの主力となっていた。

　ロンドン発の対日投資は、79年にサッチャー氏が首相就任直後に行った為替管理の撤廃によって一段と加速した。それまで英国の投資家は、プレミアムを払って「投資ポンド」を取得して対外投資を行っていたが、為替自由化措置により国際金融センターとしてのロンドンの地位が高まり、投資資金のシティ流入が始まった。

　さらに70年代のオイルショック以降、中東の産油国に蓄積された豊富なオイルマネーがロンドンの株式ブローカーを通じて対日投資に向けられるようになった。この流れを決定的に増幅したのは、70年代末に中東の有力産油国が自前の資金運用拠点をロンドンに設立したことであった。

　当時、ノムラ・インターの営業マンの間でこんな会話が交わされた。「最近私のお客である英国のブローカーからの買い注文のサイズが急に大きくなってきた。商売としてはありがたい話だが、誰がこんな大きな注文を発注しているのだろうか」とA君。「そうか、実は僕のお客にも買付株数がどんどんふえている先がある」とB君が応じた。ほかにも同じようなことをいう営業マンがいて、誰が本来の発注者なのかと大騒ぎになった。ノムラ・インターでもしばらくその所在が突き止められなかったが、結局シティの一画であるチープサイドに大量の発注者である某産油国の運用拠点が開設されていることが判明。これを契機にチープサイド詣でが日常となり、80年代初めからロンドン発の日本株の発注量が一気に巨大化していった。

ここで、オイルマネーの登場がもたらした注文のジャンボ化についてのエピソードを紹介しよう。80年代の初めまで、海外店から東京への日本株の発注は旧式のテレックスで送信され、東京サイドでは一件ずつ手書きで伝票を作成するという完全なマニュアル作業であった。私も60年代後半に本社の外国部で経験したことだが、9時の取引所の寄り付きに間に合うように社員が早朝7時前に出勤して伝票書きをした。この原始的な手法が10年以上続いていたが、ようやくコンピュータによって自動的に注文伝票が作成されることとなった。関係者にとって大朗報であったが、このシステムでコンピュータに入力できるのは一件当り発注株数7桁まで。つまり一件１０００万株を超える注文は想定外だ。

ある日、産油国から新日鉄２０００万株の買い注文を受注したが、コンピュータに入らない。結局、９００万株２件と２００万株に分割して発注したと、当時の営業マンは回顧している。

ほぼ同じ時期の79年、野村の本社サイドでは大きな組織変更が実施された。従来、海外に関する業務は国際本部が統括していたが、国際本部を解体し海外に関する業務を機能ごとに既存の国内組織に取り込むというものであった。担当役員も一新され、国内営業の総括副社長であった伊藤正則副社長が海外営業全般も総括することになった。この組織変更を「内外一元化」と称した。海外でのオイルマネーの台頭・巨大化や、国内での国債大量発行を背景に、内外の営業活動を強化するねらいであった。これを受けて海外でも新体制下で猛烈な「日本の売り込み」が始まった。

一つ目の戦略として、株式担当の役員が野村総合研究所（ＮＲＩ）や海外投資顧問室のアナリストを帯同して、ロンドン、欧州各地、中東の産油国へ日本株売り込みの「キャラバン外交」に出かけた。総指揮官の伊藤副社長も新進のアナリストであった氏家純一氏（後の社長・会長、現常任顧問）とロンドンや中東へしばしば出張した。顧客へのプレゼンテーションは、現在ならパソコンのパワーポイントを用いるが、アナログ時代の当時はそうはいかない。日本のマクロエコノミーから説きおこし、個別銘柄の推奨につながるシナリオを紙芝居風に用意し、伊藤さんが一枚ずつ説明する。それを氏家氏が英語で通訳するのだが、一日にいくつかの訪問先で同じことをすると伊藤さんも疲れるようで、そのうちに説明する箇所だけ手短に指示して、あとは氏家氏が主体となってプレゼンテーションを行うようになった。伊藤さん流の省力化である。これを聞いていた外国投資家は、「伊藤さんはほとんどしゃべらないのに通訳は長い。日本語はなんと便利な言葉だろう」と感心したという話が残っている。

日本株売り込み作戦には数々のキャッチフレーズが登場した。代表的なものを紹介しよう。一つは「日本株は木曽ひのき」。オイルショックに耐えて成長する日本企業の質の高さを表現したものだ。もう一つは「日本株は浮世絵」。早く買わないと外国人に買い占められてしまうという意味だ。もっともこれは国内営業向けのキャッチフレーズであろう。

野村が「日本を売り込む」ため実行したもう一つの戦略は、日本の国債の購入を通じて海外投資家に「円」を保有してもらおうというものであった。現在、東京で資産運用会社の社長をしている岡田博君は、77年からロンドンに勤務していた。赴任して2年ほどたったある日、支店長に呼ばれ「岡田君、突然だが今回ロンドンに債券営業チームをつくることになった。ついては君にチームのヘッドをやってもらうので、すぐに準備してほしい」といわれた。背景に野村の大きな戦略があるようだ。岡田君は「支店長、私は新発債の引受けはやっていますが、既発債の取引は経験がありません。急にどうしたのでしょうか」と事情を聞いてみた。

野村は「ボンドマネジメント情報システム（ボンドＭＩＳ）」というコンピュータによる債券の分析・評価システムを開発し、76年の秋から、地方銀行、信用金庫、農林系金融機関など国内の地域金融機関向けにサービスを開始していた。ボンドＭＩＳに加入した金融機関は、専用の端末を通じて保有する債券ポートフォリオを入力する。野村はポートフォリオの分析を行い、金融機関の同意があれば保有債券入れ替えの提案もするというものだ。

もう一つのサービスは、監督当局が定める様式でのそれぞれの金融機関の保有債券についての期末評価の作成であった。この作業はきわめて煩雑なため、共通の悩みをもっていた地域金融機関は相次いでボンドＭＩＳに加入した。金融機関による国債のディーリングが開始されるのは数年先の84年のことなので、当時はすべて相対取引だった。事実上、ボンドＭＩＳを媒体とする国債の大きな「野村マーケット」が構成されていた。国債の発行額は78年に初めて10兆円を超え大量発行時代へ向かってゆく。野村の首脳は国内債券市場での勢いを海外にも拡張したいと考えたのだ。

当時のロンドン支店は30名ぐらいのこぢんまりとした世帯で、社員のほとんどは日本株の営業マンであった。岡田君は数名の債券チームを率いて活動を始めた。海外市場の開拓に際して、伊藤副社長のアイデアは、各国の中央銀行をターゲットとして円資産としての日本国債を購入してもらおうというものであった。

各国の中銀にドアを開いてもらうための仕掛けとして、「中銀セミナー」の開催を計画した。各中銀の担当者に一週間の予定で日本へ来てもらい、日本経済や債券市場に関するセミナーを開き、京都にある野村別邸（創業者の野村徳七翁が私費を投じた庭園がある）での園遊会で締めくくるというものだ。もちろん野村の顧客になってもらうことが目標であるが、まずはよい関係を築かなくてはならない。オリンピックではないけれど、参加国は少しでも多いほうがよい。岡田チームは欧州や中東の産油国の中銀から始めて、東欧やアフリカの中銀にも呼び込み外交の対象を広げていった。以下は岡田君の回想談である。

冷戦時代の東欧諸国の中銀外交も苦労話が多かったが、アフリカの中銀外交は、目指す中銀にたどりつくまでが苦労などと生やさしいものではなく、ありとあらゆるトラブルの連続であった。まず飛行機が到着して空港を出るまでが一大苦行である。外国人旅行者だけ一カ所に集められて何時間も放っておかれる。心配になり始めた頃、一人ずつ別室で担当官からネチネチと難癖をつけられて、入国を拒否される。揚げ句の果てに何がしかの賄賂でようやく入国許可と相成る。法外な料金を吹っかける雲助タクシーとけんかしながらホテルへ着くと、予約しておいたはずの部屋はない。仕方なく別のみすぼらしいホテルの鍵もかからない部屋で一夜を明かしたこともあった。また、まったくホテルがとれないので日本の商社のお世話になって建設現場の宿舎に泊めてもらったこともある。もちろん生水は飲めない。飲めば猛烈な下痢に襲われる。それでも野村スピリットは衰えなかった。同行の戸田博史君（後に副社長、ギリシャ大使）は、下痢腹をかかえながら「こんなひどい目にあったからには、商売しなければ帰れるものか」と意気盛んであった。

アフリカの中銀は総じて友好的で野村の訪問を歓迎してくれた。かつて植民地時代にいじめられた欧州の宗主国を、いまや日本が貿易などビジネスでやっつけていると思ったのか日本ファンの人が多いように感じられた。ナイジェリアやリビアなど産油国の中銀は、野村のクライアントになってくれた。苦労のしがいがあったといえよう。

第1回の中央銀行セミナーは80年1月に23カ国の参加を得て東京で開催された。その後、毎年春に開かれ、世界の主な国の中央銀行や国際金融機関のほとんどを網羅する規模にまで拡大、今日に至っている

図らずも、経緯の解説が長くなってしまった。私が赴任した84年末のノムラ・インターは、200名程度と規模を拡大しており、株や債券など日本ものの営業は最

盛期を迎えようとしていた。当時のノムラ・インターは、日本ものが業務の柱だから経営も日本人が中心だ。舞台はロンドンだが、日本の延長のような雰囲気であった。たとえていえば、味噌と醤油の匂いが社内に立ち込めていたといってもよく、社内のカルチャーは野村の伝統である「義理と人情と浪花節」であった。その頃、「ノムラ・インターの社歌」と称する歌があった。なんと、石川さゆりの「津軽海峡冬景色」であった。どうして演歌が社歌なのか、そのいわれを説明しよう。

ノムラ・インターの株式営業は前に述べたように日本経済の強さ、日本企業の高い成長力を背景に日本株営業を猛烈に展開していた。ロンドンと香港は野村の海外における日本株営業の二大拠点であったが、両者の対抗意識は非常に強く、日々激しい手数料競争を繰り広げていた。当時、ロンドンの繁華街、ケンブリッジ・サーカスに日本人のママさんがいる「カトレア」という小さなスナックがあった。日本株営業の面々は仕事が一段落すると誰からともなくカトレアへ集合して、カラオケで1日の疲れを癒やすのが日常化していた。数年前に石川さゆりの大ファンの秋元正君がロンドンへ赴任して、歓迎会の席上、自作の振り付けで踊りながらさゆりさんの新曲「津軽海峡冬景色」を披露した。その後いつの間にか日本株営業の全員で歌って踊るようになり、私が赴任した頃は、この歌でひと踊りして「明日からもがんばろうぜ」とお開きにするのが慣例になっていた。まさに「社歌」のような存在であり、やや大げさにいえば毎日の厳しい仕事を支えるスピリチュアルなエネルギー源となっていた。その後、秋元君はブラッセルへ転勤になり、86年に野村ベルギーを設立。開設記念パーティーが開かれた。ロンドンの仲間が大勢出席して「社歌」を歌って踊った。場所はブラッセル市庁舎の荘厳な大広間。ここで賛美歌以外の歌は初めてだといわれてしまった。

日本株の人気を反映して、日本の企業による機関投資家向けの説明会もロンドンをはじめ欧州の主要都市で盛んに行われていた。日本での決算や株主総会などの関係で、どうしても一定の時期に集中するので、現地で対応するのも結構大変であった。一方、日本企業の経営トップの方にゆっくりお目にかかれるチャンスでもあり、私も多くの経営者の謦咳《けいがい》に接することができた。そのなかでも特に印象深かったのは、イトーヨーカ堂の創業者で、当時社長の伊藤雅俊さんである。同社は72年に株式を東京証券取引所二部に上場（翌年東証一部に指定替え）し、マーケットから成長ポテンシャルの高い企業として注目されていた。75年に欧州でコンチネンタル預託証券型式で株式を発行したのを契機に、欧米で海外投資家向けの説明会を開始し、以後毎年定期的に行われていた。

イトーヨーカ堂の説明会では、伊藤社長自身が演壇に立ち、静かな口調で会社の現状や将来図を淡々と話されたのがとても印象に残っている。アナリストやファンド・マネジャーから質問が出ると、いっさい人任せにせず、自分で丁寧に答えておられた。淡々とした口調だが、会社を揺籃《ようらん》期から育ててきた社長の言葉だけに説得力があり、機関投資家に好評でイトーヨーカ堂ファンが欧米に広がっていった。配布される投資家向けの資料も十分配慮されており、読みやすくわかりやすいものが用意されていた。株主を大切にすることが会社の成長につながるという伊藤社長の信条の表れだと思う。

イトーヨーカ堂の海外説明会は定期的に長く続いていることが特色といえよう。日本の景気や証券市場の動向にかかわらず、長期間定期的に開催する企業はそれほど多くはない。私はニューヨークとロンドン勤務を通じて、毎年、説明会のお手伝いをした。

一度大失敗をして、伊藤社長に叱られた経験がある。ある年、ニューヨークの説明会を米国の投資銀行と共催することになった。投資家集めは米国サイドがやるというので任せておいたところ、ギリギリになって出席者が足りないといってきた。慌てに慌てて何とか人数をそろえたが、急なことでもあり数名社内の人間で間に合わせてしまった。こんな小細工はすぐ社長に看破され説明会終了後、米国の投資銀行の担当者と一緒にお叱りを受ける始末となった。「会社は説明会に真剣に取り組んでいるのだから、十分そのつもりで準備してもらわねば」と一喝された。普段、温厚な伊藤社長だが、この時は当方の甘さを厳しく指摘され、ただ恐縮するばかりであった。オーナー経営者の厳しい姿勢を目前にし、ありがたい勉強の機会になった。

伊藤社長は大変な勉強家で知識欲も旺盛。本もよく読まれるし、われわれと話している時もたえずメモをとっておられた。現在はセブン&アイ・ホールディングスの名誉会長として大所高所からグループの経営に目を光らせておられる。時折、お話を聞きに伺うが、ご高齢にもかかわらず、お元気で物事の見方の鋭さは以前とまったく変わらない。相変わらず知識欲が旺盛でメモ魔である。会長室に座右の銘である「商人の道」と題する文章が掲げられている。要約すると、商人が心がけねばならないことは「競争精神、リスクの追求、グローバル指向」だと読める。イトーヨーカ堂がトップクラスの優良会社、セブン&アイ・ホールディングスに成長した秘密が解けるようだ。

日本株・債券営業と並んでノムラ・インターのもう一本の柱となっていたのは、日本企業による資金調達に関する業務である。日本企業の海外資金調達は60年代の初め、ウォールストリートから始まったが、その後、米国の金利平衡税導入によって調達市場は米国からユーロ市場へと急速にシフトしていった。

ロンドンはユーロ市場の中心として多くの日本企業が活発に資金調達を行っていた。特に80年代の後半からワラント債（新株引受権付き社債）の発行が大ブームとなった。折からの日本株人気に支えられて企業は低金利のドル建て債を発行し、調達したドルを円にスワップ。実質的には、さらに低金利の円建て債を発行したことになる。ドルと円金利の相対関係によってはマイナス金利（本来支払うべき金利が逆に受取りとなる）になることもあり、日本企業の発行熱に拍車がかかった。

無事発行されると、日本から発行体企業のトップが出席のうえ、引受けに参加した投資銀行や証券会社を招いて発行調印式のセレモニーが行われる。多いときは1

週間に5、6回もあり、同じ日の昼と夜の2度に分けたこともある。それでも時間のやり繰りがつかない時は、調印式のディナーを1日に2回食べた。最初の調印式では前菜とスープだけ。お祝いのスピーチをして次の調印式へ駆けつける。そこでようやくメイン・コースにありつけた。

このような過密スケジュールでしていると、とんでもない失敗も起きる。昼と夜の2回調印式があった日のこと。夜の調印式のために発行体企業がわざわざ、日本から用意してきた記念品を、当方の手違いで昼間の部で出席者に配ってしまったことが判明。いまさらどうすることもできず、私は夜の部の社長に平謝りするしかなかった。私は、スピーチのなかで「今日は○○社のワラント債発行の調印式ですが、同時に○○社の記念品を後日皆さんにお届けするワラントを野村が発行します」と述べて何とかピンチを切り抜けた。出席者のなかには昼の調印式と重複している人も多く、あちらこちらでニヤニヤする顔が目についた。ことほどさようにすさまじい起債ラッシュであった。

後にバブルといわれたが、80年代は後半にかけて、日本が最も輝いていた時期であった。強い円や株式市場を背景に日本の証券会社もシティでの存在感を高めていった。88年には米国のタイム誌が「円パワー」という特集を組んで野村を取り上げ、表紙に田淵社長、記事のなかで野村ニューヨークの黒川さんとロンドンの私の写真を掲載した。

　同じ時期、一方ではビッグバンに代表されるサッチャー首相の改革が実行され、シティも大きな変革期を迎えることになる。

第2章　サッチャー政権とウィンブルドン現象——シティの大変動

1980年代はサッチャー首相による一連の改革が実施された時期である。サッチャー政権は英国の活性化を図るために、市場経済の論理を重視し「小さな政府」を目指す政策を強力に実行した。

まず、国営企業の民営化である。サッチャー氏の回顧録『THE DOWNING STREET YEARS』を読むと、民営化は単に英国経済活性化のために必要なばかりではなく、労働党政権の負の遺産である社会主義の悪弊を除去する重要な手段の一つと位置づけている。そのうえで、民営化によってできるだけ大勢の国民が株主となれば、国の支配が弱まり、民の支配が強化されるとしている。

民営化の第1号は84年に実施されたブリティッシュ・テレコムであった。野村は同社の株式公開に際し、全社的な体制で取り組んだ結果、日本を中心とするアジア市場での主幹事を務めることになった。その後数年間にガス、電力など主要な国営会社が次々に民営化され、野村はテレコムと同様にアジアでの主幹事として参加した。

86年10月には有名なビッグバンが実施された。長年に及び、不文律のようになっていたロンドン証券取引所規則の抜本的な改革である。それまで取引所の会員ブローカー（株式仲介業者）は定められた最低手数料で守られ、また新規の会員権取得は厳しく制限されていた。いわば閉鎖社会のなかで利益を享受していたのだ。さらにブローカーとジョバー（値付け業者）の兼業も禁止されていた。

ビッグバンによって、これらの古めかしい規則は一掃された。すなわち、手数料自由化、会員権開放、ブローカーとジョバーの兼業認可が実施され、さらに株式取引税の引下げ（1％から0・5％）、コンピュータ取引への移行、株式売買の取引所集中義務の撤廃が決定された。会員権資格は外国勢にも開放され、ノムラ・インターは米国のメリルリンチと同時に外国証券会社として最初の会員になった。私は取引所でNHKテレビのインタビューを受け、その模様は東京で開かれていた野村主催のセミナーで放映された。これを契機にして、ノムラ・インターで英国株営業を始めることになり、現地スタッフの数も急速にふえていった。それまで、日本もの（株・債券）中心の営業体制であったノムラ・インターに、この面からも「現地化」の風が吹き始めた。

また手数料の自由化と取引所集中義務の撤廃（場外市場の創設）によって、ロンドン取引所の国際競争力が一挙に高まった。改革以前は主要英国企業の株式売買でさえも、かなりの部分が（一部の銘柄ではなんと半分以上！）高い手数料を嫌って、ニューヨーク市場で取引される異常な事態であったが、改革によって英国株の取引がロンドンに回帰したばかりでなく、外国株の取引も急速に増加した。しかし、取引所規則の改革はシティに大きな変化をもたらすことになる。

英国のマーチャントバンクや商業銀行、外国の銀行や証券会社は争ってブローカーやジョバーの買収に乗り出し、英国株ビジネスに参入した。ところが、買収が一巡すると早くも整理が始まり、買収後1、2年の間に手に入れたばかりの証券業務から撤退する英国の銀行やマーチャントバンクも現れた。87年10月のブラックマンデーによる株価の暴落も大いに影響したと思われる。

90年代に入ると、グローバル化しつつあるシティでの取引規模の拡大によって、資本力の大小が競争上の決め手となり始め、資本力に劣る英国のマーチャントバンクや証券会社は次々に外国勢に買収されていった。SGウォーバーグは伝統的なマーチャントバンクの代表格であり、ビッグバンやブラックマンデーなど激動の時期に事業を拡張して、「ビッグバンの勝者」といわれたが、95年5月に当時のスイス銀行に買収されることになった。直後の6月にはやはり名門のクラインオート・

ベンソンが当時のドレスナー銀行に買収された。そして、2000年までにハンブロス、シュローダーなど、主要なマーチャントバンクはほとんど欧米勢に買収された。証券ブローカーも最後まで自力でがんばっていたカザノブが04年に米国の銀行に買収された。

このように、ビッグバン後のシティの景色は大きく変わってしまった。本来シティの主であった英国のマーチャントバンクや証券会社はほとんど姿を消し、欧米勢が主流を占めるようになった。再びサッチャー氏の回顧録によれば、「一連の改革によってシティは競争力の高い国際市場となったし、その成功が続くためにも改革が必須であった」と記されている。伝統のある英国勢が消え去っても、外国勢によって必要な資本や新しい金融技術が投入されてシティが繁栄し、雇用と税収が確保されればよしとするのがサッチャー流である。この流儀は金融だけではなくほかの産業にも適用された。典型的な例は自動車産業である。ある政府高官が「OUR AUTOMOBILE INDUSTRY」（わが国の自動車産業）と誇らしげに発言したのを聞いたことがある。すでに英国の自動車業界は外資が席巻していたが、英国経済に発展をもたらす限り、オール外資でも「OUR…」（わが国の…）なのである。このあたりの考え方は日本とはだいぶ違うなと感じた。日本であれば、ウィンブルドン化は、黒船の来襲のように否定的に受け取られたであろうし、国内産業を守れと大騒ぎになったかもしれない。

当時、ノムラ・インターに寺田宗利君という総務・渉外担当の部長がいた。野村はテニスの全英選手権（ウィンブルドン大会）の開催中、会場内にあるゲストを招待するための施設（マーキー）の使用権を得たいと思ったが、何しろ伝統を誇る大会だから新参者は簡単に奥座敷に通してくれない。最初は場外のテント村の一画しか使わせてくれなかった。それを何とか奥座敷に上げてもらいたいと粘り強く交渉して、権利を勝ち取ったのが寺田君である。

ある日、彼と雑談しているとき「トノさん、シティはウィンブルドンにそっくりだ。全英テニス選手権とは名ばかりで目立つのは海外勢ばかり。シティもまったく一緒ですね」と彼がつぶやいた。「寺ちゃん、いいことというな、これ、いただき」とばかりに、あちらこちらで「シティのウィンブルドン化現象」と吹聴して回った。東京出張時に田渕節也会長が、明日、日銀で会合があるが、何かおもしろい話題はないかと聞くのでこの話をしたら、瞬時に日銀や大蔵省あたりに広まってしま

1995年　ウィンブルドン・テニス大会
野村のマーキー（Marquee）

い、マスコミもしばしば使うようになった。この造語は英国にも逆輸入され、一部のマスコミやイングランド銀行のエディ・ジョージ総裁まで使ったと記憶する。15年前に当時の日経金融新聞に「私の金融史」を寄稿した時、文中で「ウィンブルドン化現象」を言い出したのは私だと書いたが、実は寺田君であって私は受け売りをしただけである。真の名付け親の寺田君は残念なことに病に倒れ03年に60歳の若さで旅立ってしまった。

私自身、サッチャー氏には2度

1991年　憲政記念館でのレセプション（講演会）
サッチャー前首相、筆者

ほどお目にかかるチャンスがあった。最初は日本の金融機関の在英代表者と一緒に、「ダウニング・テン」と呼ばれる首相官邸で、ランチに招かれた時である。何の話をしたかよく覚えていない。シティの日本勢からの寄付金集めが趣旨の昼食会であったように思う。2度目はサッチャー氏が退陣後来日した際の某企業主催の夕食会で、私も招待された。その席上、私はサッチャー氏に「あなたが主導した改革によって、ロンドン証券取引所はすっかりコンピュータ化され静かな取引所になってしまったが、株式取引はやはり東京のように人間が騒がしく取引したほうが熱気があっていいと思いますよ」と申し上げた。当然、先方の反応は芳しくなかった。東京もその後コンピュータ取引となり、トレーダーがにぎやかにやっているのはニューヨークだけとなってしまった。

サッチャー氏は90年に首相の座を譲った。95年、私は２度目のロンドン勤務となったが、後継者のメージャー首相によってサッチャー氏の改革路線は継承されていた。そのおかげで、ノムラ・インターは英国国鉄の民営化など大型の民営化案件にかかわることができた。サッチャー氏は13年に逝去した。当時を懐かしくしのぶと同時に、一つの時代が終わったという感慨深いものがある。

第3章

債券引受けビジネスとリーグテーブル
——知恵比べ、激烈な競争

1985年は、野村の債券引受ビジネスにとって画期的で記念すべき年となった。

年月が経過して、黄金色の表面がだいぶ汚れてきたが、85年末に国際金融の専門誌であるIFR誌からもらったプレートを私は大切に保管している。プレートにはアジア系の男が地球を踏みしめている姿が漫画チックに描かれているが、実はその人物は私である。

85年に野村はユーロ債の引受ランキング（リーグテーブル）で初めてベストテンに名を連ねた。それまでは、欧米の投資銀行が上位の常連であったが、ユーロ円債の盛況、新商品の開発、IBMや英国のケーブル・アンド・ワイヤレスなど欧米の大企業が発行する債券の主幹事引受けなどを背景に野村が上位に割って入ったかたちとなった。IFR誌はその年に最も活躍した金融機関として、野村を「ハウス・オブ・ザ・イヤー」に選んだ。プレートは受賞記念というわけだ。この受賞は、それまで日本株専門店とみなされてきた野村がグローバルハウスとして認められる契機となる出来事であった。言い換えれば、東京の出先機関色の強かったノムラ・インターに債券引受ビジネスを通じてグローバル化の兆しがみえ始めたといえよう。

野村は翌86年にユーロ債リーグテーブルの3位となり、さらに、87年には首位の座に就き、以後数年間首位を続けた。（図表参照）

この躍進の背景には、スワップという金融テクノロジーの誕生が大きく影響している。83年の秋、国際復興開発銀行（世銀）のドル債、IBM社のスイス・フラン債という2本の新発債が発行され、スワップを使って両者が債務を交換したというニュースが報じられた。両発行体は最上級トリプルAの格付で、IBMのドル債発行、世銀のスイス・フラン債というオーソドックスな調達でも、発行コストを低く抑さえることができる。しかし、IBMは初めてスイス・フランで起債。スイス市場は大歓迎。希少性が高いために世銀など常連のトリプルA発行体に比べても、有利な条件での発行が可能となった。IBMはドル資金が必要なため、ドル建て債を発行した世銀とスワップによって債務を交換する。その結果、オーソドックスな調達よりも双方が有利な低コスト調達ができたという刺激的なニュースであった。

この案件の成功はグローバルな引受ビジネスに大きな影響を与えることになった。スワップ抜きでは、引受業務の競争力低下を招きかねないという危機感が広がり、引受会社はスワップ技術の開発・応用に注力するようになった。野村でも債券

ユーロ債リーグテーブルの推移

（単位：百万ドル）

年	1986			1987		
順位	社　名	発行額	件数	社　名	発行額	件数
1	クレディ・スイス・ファースト・ボストン（CSFB）	17,459	81	野村	17,303	114
2	ドイツ銀行	15,179	110	ドイツ銀行	8,726	80
3	野村	14,473	124	UBS	8,392	78
4	J.P.モルガン	12,355	90	日興	7,747	56
5	UBS	10,482	95	山一	7,006	67
6	シティグループ	8,953	61	大和	6,902	69
7	大和	8,764	82	CSFB	5,867	44
8	パリバ	8,188	78	J.P.モルガン	5,718	52
9	モルガン・スタンレー	8,081	66	日本興業銀行	4,871	59
10	メリルリンチ	5,508	35	シティグループ	4,695	43
年	1988			1989		
順位	社　名	発行額	件数	社　名	発行額	件数
1	野村	17,571	125	野村	32,465	148
2	ドイツ銀行	16,569	129	大和	16,897	95
3	CSFB	13,124	73	山一	15,787	73
4	UBS	11,852	88	日興	15,615	56
5	大和	9,524	72	ドイツ銀行	14,898	122
6	J.P.モルガン	8,686	43	UBS	8,361	62
7	日興	6,963	56	J.P.モルガン	8,232	46
8	山一	6,792	60	パリバ	7,743	53
9	日本興業銀行	6,673	68	クレディ・スイス	7,359	39
10	パリバ	5,853	48	メリルリンチ	7,095	47
年	1990			1991		
順位	社　名	発行額	件数	社　名	発行額	件数
1	野村	16,119	93	野村	20,926	112
2	ドイツ銀行	11,417	81	UBS	19,745	89
3	UBS	10,881	44	大和	16,751	104
4	大和	9,158	71	ドイツ銀行	16,573	98
5	クレディ・スイス	8,798	42	パリバ	14,302	44
6	パリバ	8,324	40	クレディ・スイス	13,124	52
7	J.P.モルガン	7,103	33	ゴールドマン・サックス	11,590	50
8	香港上海銀行（HSBC）	7,028	40	山一	10,338	76
9	三菱銀行	6,934	66	日興	10,305	80
10	日本興業銀行	6,741	73	モルガン・スタンレー	7,987	10

（出典）トムソン・ファイナンシャル社作成資料

の引受けを担当する国際金融部と流通市場担当の公社債部がジョイントで「スワップチーム」を結成した。84年の夏のことである。そして85年に入ると、スワップを使った数々の新商品が登場することになる。

まず、デュアル・カレンシー債。海外の発行体によるユーロ円債だが、特約条項がついていて償還金はドルなどの外貨で支払われる。償還時の為替レートによって円の手取りが変動する仕組みである。デュアル債の延長として、償還時の円・ドル為替レートが取り決めた水準より円安なら償還元本がふえ（天国）、円高なら元本が減る（地獄）という「天国地獄債」（HEAVEN & HELL BOND）なるものも登場した。このデュアル債は、それまで野村ではとても手が届かなかった、海外の一流発行体の主幹事獲得の際に大きな力を発揮する。本章の初めに触れたが、IBMの金融子会社であるIBMクレジット社は85年秋に野村主幹事で総額1億ドルの「天国地獄債」を発行する。このIBMクレジット社については、もっとエキサイティングなエピソードがあるので、デュアル債の話の途中だが、IBMストーリーを続けたい。

86年の春先のこと、IBMクレジット社から直接ノムラ・インターのシンジケートデスクに「ユーロドル建ての普通社債発行を検討しているので野村の条件を即刻提示してほしい」と電話で要請があった。前回の天国地獄債は、日本の投資家向けの特殊な仕組み債なので、野村の主幹事について特に物議を醸さなかったが、今回はようすが違う。ドル建てのプレーン・バニラ債（普通社債）であるから、もし野村が主幹事となれば、米系の投資銀行の金城湯池を脅かすことになるので、天地がひっくり返るような大騒ぎとなるだろう。それだけに野村としてはぜひ、獲得したい案件である。その日、シンジケートデスクの責任者の戸田博史君は風邪気味で休んでいたが、寝ている場合ではないとたたき起こし、本社の幹部とも協議のうえ、条件を提示したところ、ＩＢＭクレジット社より野村主幹事の指名を受けることになった。

予想したとおり、米系の主幹事であるソロモン・ブラザーズやＣＳＦＢの野村に対する反発はすさまじかった。野村のシンジケートデスクにはとても文字で書けないような、下品な言葉使いの電話が次々にかかってきた。ともあれ、ＩＢＭクレジットの社債は86年の4月に発行された。発行額2億ドル、期間3年の普通社債であった。これはグローバルな引受会社としての野村の地位を大きく前進させる、まさにエポックメーキングな案件となった。

デュアル債の話に戻りたい。ユーロ円債には当時、発行から１８０日間の日本国内還流制限が課されたため日本国内での販売が期待できず、サムライ債（海外の発行体が日本で発行する円債）が再評価され、サムライ仕立てのデュアル債の発行につながっていく。その後、逆デュアル債と呼ばれる新商品の登場によってサムライ市場での起債が飛躍的に増加する。従来のデュアル債は償還金がドルなどの外貨で支払われるため、償還時の為替レートによるリスクがあったが、新型債では、償還金は円払いとして償還時の為替リスクを除去する。一方、利払いを円よりも高金利の外貨で行い、為替リスクを分散する。この新型債はリバース（逆）デュアル債と呼ばれることになり、ＡＡ以上の高格付の世銀をはじめとする欧米の一流発行体による、サムライ債の発行に大きな威力を発揮することになった。

日本国内の発行体によるユーロドル債の発行もこの時期に増加した。背景には日本の投資サイドの事情があった。日本の生保は金利の高い外貨債運用に、貴重な収益源として強い意欲を示していたが、当時、生保には外債運用枠が決められており、ほしいだけ買うことはできなかった。ところが、国内発行体による外貨建て債券はこの運用枠の制限外とされていたので、生保の投資意欲が一挙に強くなった。この需要に着目して、日本の電力会社によって、通常よりも低い利回りでのユーロドル債の発行が頻繁に行われた。（調達したドル資金は円にスワップ）この債券にユーロ市場でつけられたニックネームは「スシ・ボンド」であった。

85年初頭に非居住者によるユーロ円債発行が解禁され、一流発行体による第1号案件の獲得に注力した結果、ニューヨークの米国現地法人から持ち込まれたＦＮＭＡ（米国の連邦住宅抵当公庫）のスワップ付き発行が最有力候補となった。前述したとおり、当時、新発ユーロ円債には国内還流制限があり、得意とする日本国内での販売はあてにならない。ユーロマーケットでの販売をしやすくするためには、発行体名が一流であることに加えて、流動性の観点から発行量の大きいものが望ましいといった考えからＦＮＭＡに決まった。

問題は、当時最大級となる５００億円の円からドルへのスワップが可能か否かであったが、やはり全額を特定の金融機関1社でまかなうことはむずかしく、部分的に逆サイドのスワップ案件の創出、すなわち、円資金を必要とする日本企業のユーロドル債発行をセットして、不足分を補完することになった。かくして、当時として超大型のスワップ付きのユーロ円債が85年2月に発行された。

87年は、ノムラ・インターにとって85年に続き記念すべき年になった。イタリア政府による総額3000億円のユーロ円債の発行である。このビッグイシューは2種類の債券からなり、1500億円はストレートボンド、残りの1500億円は長プラ連動フローター（変動利付債）である。ストレートボンド1500億円については、ノムラ・インターが主体となって、引受シンジケートの組成、プライシング、アフターマーケットのメンテナンスを行い成功裏に終了することになった。後者については、当時、日本の長期プライムレートが貸付信託の利回りに一定の幅を上乗せする水準に設定されていたため、長プラに連動するフローターをつくることで、日本の信託銀行中心に1500億円を完売した。

当初、総発行額を2000億円と予定していたが、販売好調であり発行後のグレーマーケットにも自信がもてたので、急きょ3000億円への増額をイタリア政府の財務局に提案した。当時、野村イタリアの担当者であったアレッサンドロ・クレモナ君の回想によれば、増額の提案に対して財務局の担当者の反応は「素晴らしい話だが、公式にアクセプトするには財務局長のゴーサインが必要」とのことで、直接ロンドンから局長にコンタクトすることになった。私は、戸田君と一緒にノムラ・インターのシンジケートデスクから、財務局長のマリオ・サーチネリ氏に電話し、増額について快諾を得た。野村の内外一体となったこうした努力の結果、当時、最大級のユーロ円債発行が成功裏に実現した。調印式はローマで行われ、私はにわか仕込みのイタリア語でスピーチを行った。この3000億円の起債は、87年のIFR誌による「DEAL OF THE YEAR」に選ばれた。また、戸田君は、日本人で初めて「SYNDICATE MANAGER OF THE YEAR」を受賞した。

なお、サーチネリ氏は91年に後任のマリオ・ドラギ氏（現欧州中銀総裁）にバトンタッチするまで財務局長を務め、退官後はイタリアの大手商業銀行、BNLのトップに就任した。私はBNLのオフィスで上記のクレモナ君と一緒に同氏を訪問し、思い出話に花を咲かせた記憶がある。

80年代後半、引受ビジネスが盛況となったもう一つの大きな要因は、ワラント付きユーロドル債の大量発行であった。ワラント債の大盛況については「1回目のロンドン」の章で触れたように、日本株の先高期待によってワラントバリューが高く評価された結果、社債金利が低く設定されたため、発行企業にとってきわめて低コストの資金調達が可能となったためだ。為替の先物予約により実質的にゼロコストになるケースもあった。これにより日本企業の発行熱に拍車がかかり、記録的な大量発行につながっていった。

要するに、この時期における野村の、債券引受ビジネスの盛況とリーグテーブルでの躍進は、ノムラ・インターのシンジケートデスクの活躍と、東京のスワップチーム（後に国際業務部）によるスワップテクノロジーの開発に負うところが大きかった。

私は、89年の2月、年号が昭和から平成に変わった直後に帰国し1度目のロンドン勤務を終了した。

引受業務の主幹事獲得競争がいかに激しいものであるかについてこの章で触れたが、競争の激しさ、厳しさは日本国内でもまったく同様である。年代を少々逆戻りするが、私も野村にとって画期的な引受案件に関与することができた。それは75年に発行された松下電器（現パナソニック）のドル建て転換社債であった。この案件について、ロンドンの話からそれるが、大阪法人部で松下担当であった安瀬春男さんの回想のかたちで振り返りたい。彼は私の1年先輩で、当時大阪支店に転勤して間もない頃であった。

野村にとって松下電器の主幹事証券となることは長年の課題であった。終戦後まもなく大阪駐在副社長を務めた北裏喜一郎さん（後に野村の5代目社長）から、新しく大阪駐在として赴任する辻村寅次郎専務に「自分の大阪時代、松下の将来性を読み違えて、深く食い込めなかったことは誠に残念で悔いが残る。ぜひ自分のやり残した仕事を、あなたの時代に実現してもらいたい」と思いを託された。これを受け、辻村専務は大阪支店の幹部や松下担当の自分など少人数の関係者を集め、「やり方はいっさい任すから、北裏さんの意を体して松下作戦に取りかかるように」と指示した。

松下電器は歴史的にほかの大手証券会社の牙城であり、野村にはなかなか大きなビジネスのチャンスがなかった。なんとか会社に食い込むヒントはないものかと松下電器に関する本を何冊も読み、会社を研究した。ノートも2冊ぐらいになった。やがて一つ気がついたことがあった。それは同業他社に比べて、松下の海外での売上比率が非常に低いことである。ソニーの60%、シャープや三洋の50％に比べて松下は25％程度であった。おそらく、松下は業務のグローバル化に何か手を打たねばならないと考えているだろう。これを証券業務と結びつけることはできないだろうかと考えた。

すぐ思いついたのは海外ファイナンスだが、63年以来施行されている金利平衡税のため、米国資本市場は事実上海外の発行体に閉鎖されている。ほかに有力な手段はないだろうか。海外事情に詳しい、社内のアナリストである三國陽夫君の意見を聞いたところ、現状では松下株式を海外の主要な取引所にグローバル上場するのがベストとのアドバイスを受けた。松下の海外での知名度向上につながるし、将来の海外ファイナンスの布石ともなるとの見解であった。三國君は、日本人で初めて米国のＣＦＡ協会認定アナリストとなった人物で、後に三國事務所を設立し、独特の手法で日本企業の格付けを行った。

早速、松下の高橋会長や財務担当の樋野常務と野村の辻村専務のミーティングをセットした。とにかく「リスティング・リスティング」といい続けてくださいと、専務にお願いして、先方に海外上場の件を提案したところ、高橋会長の即時判断で本件を内密に進めることになった。野村の社内では上場という利益の薄い仕事に対して冷たい見方も一部にあったが、長期的な視点から松下との関係を考慮すれば画期的なことであった。上場はパリなど欧州の主要取引所を皮切りに、71年末にはニューヨーク取引所にADRの上場を達成した。途中で計画が漏れて、主幹事証券の他社に香港上場だけは譲ることになった。

さて、さらに劇的な展開はこれからである。74年に松下がモトローラのテレビ・ラジオ事業を買収するというビッグニュースが報じられた。金額は約7000万ドル、国内のメインバンクがシンジケートローンをあっせんするという。当時、松下製品は広く「ナショナル」ブランドで販売されていたが、米国では特許の関係で「ナショナル」は使えなかった。そこで、モトローラの保有する現地ブランド「クエーザー」を取得すべく買収に乗り出したのだ。

そのニュースが出る直前、74年1月、米国の金利平衡税は撤廃され、米国での資金調達の道が開かれていた。時は熟した。早速、自分は単独で高橋会長、樋野常務を訪問し、「松下が格付機関からしかるべき高格付をとれば、銀行ローンより1%以上低い金利で転換社債の発行が可能になると思う。大蔵省は調達資金の国内持ち込みを抑制しているが、このケースは海外で資金を使うのでいわゆるアウト・アウトファイナンスとして認可をとれる可能性が大きい」と転換社債の起債を提案した。上場の時と同じく、高橋会長が即座に乗り気を示し、樋野常務と事務局に本件の研究を指示した。「なぜ、いきなりこんな大事な話を、頭越しで会長にいったのか」と常務に叱られたが、ともかく本件を進めることになった。ただし、また他社に漏れてはいけないので、東京から発行準備のために来社する野村の社員は社章を外してくるようにとの指示が出た。

そして、この時点で国際金融部の外村君に「明日すぐに大阪へ来てくれ。ということう山が動き出した」と電話を入れた。

以上が安瀬さんの回想である。電話を受けた私はすぐ大阪へ飛び松下の事務局と発行準備の打合せに入った。目立たない部屋で野村のバッジを外しての隠密行動の始まりであった。米国サイドの主幹事はメリルリンチに決まり、野村とメリルの連合チームが大阪に長期滞在して連日松下の事務局の人や弁護士を交えて、格付申請や転換社債発行に必要な書類作成に没頭した。

創業者である松下幸之助氏の経営哲学が脈々と流れている会社だけに、松下の幹部の考え方とウォール街の超合理主義とはかみ合わない場面もしばしばであった。そのつど、両者の間へ割って入って調整するのが私たち日本サイドの主幹事の役目の一つであった。

いろいろな経緯はあったが、格付の申請は順調に進み、松下はＡＡ（ダブルＡ）の格付を取得した。日本企業としては非常に価値のある高位の格付であった。

転換社債の募集は米国と欧州で行い、75年末にニューヨークで発行調印の運びとなった。発行金額は当時としては大型の１億ドル、クーポンレートは６・２％と決まった。これはシンジケートローンの金利を１・５％強下回る水準となった

かくして、野村はもちろんのこと、松下にとっても画期的なドル建て転換社債の発行は成功裏に終了した。松下への思いを託されたツジトラさん（辻村さんの社内でのニックネーム）は、報告を受けて大喜びだったと聞いている。私自身もこのような記念すべき案件にかかわれたことは大変名誉なことであり、いまだに鮮明に記憶している。

さて、ほかの証券会社が主幹事を務める事業会社から海外ファイナンスのマン

デートを獲得したケースを紹介したが、証券会社にとって主幹事のステータスは非常に大切なものである。

自社が主幹事である事業会社には、他社が食い込まないよう、注意おさおさ怠りなく万全のディフェンスが必要である。一方、他社幹事の事業会社には、知恵を絞りチャンスをとらえて果敢に攻撃を仕掛けていく。成功すれば証券マンとして仕事冥利《みょうり》に尽きるが、仕掛けられた立場からすると首筋が寒く感じられる厳しい世界である。事業会社担当の証券マンは、それこそ命がけで戦っているといっても決して過言ではない。

証券会社と事業会社の関係は、企業のトップや幹部との長年にわたるリレーションが基本であるが、金融技術の進歩によって新しい資金調達の手法が開発されたり、企業買収がらみのファイナンスや外資系の投資銀行の活動が盛んになったりしてくると、必ずしも古くからのリレーションがすべてではなく、個別の案件ごとに優れたアイデアを提示する証券会社を指名するケースもふえているようだ。

私が現役の頃は、会社をあげて主幹事戦争の勝敗にこだわっていた。年月を経て価値観にも多少の変化があるかもしれないが、この点はこだわり続けてほしいものである。

第4章　ノムラハウスの建設——思い出のランドマーク

私が1984年末ロンドンへ赴任して数カ月後に、ノムラ・インターのオフィスは移転した。1666年のロンドン大火の復興記念塔である「モニュメント」の前にあるビルであった。野村が1964年にロンドン駐在員事務所を開設以来、規模の拡大につれて移転を重ね、ここは4代目のオフィスであった。

当時シティには、急速にグローバル化する証券業務に対応できるスペースと設備を備えたオフィスが限られており、新しいインフラの確保が課題となっていた。ソロモン・ブラザーズがシティの外にニューヨーク・スタイルのトレーディンググルームをつくって話題になった。また、モルガン・スタンレーとCSFBが推進母体となってシティから4キロほど東に離れたカナリー・ワーフに新しい金融街を建設しようという計画も発足し、私もモルガンのロンドン代表であるアーチー・コックス氏からの誘いで現場を見学したことがあった。

ちょうどその頃、熊谷組から同社が落札した旧中央郵便局の建物と敷地を自社ビル用に買わないかというオファーがあった。1世紀近く使われてきた中央郵便局はシティの西寄りにあり、由緒ある歴史的な建造物である。野村の欧州のヘッドクオーターとしてふさわしい物件だと思ったが、多分に高価な買い物である。恐る恐る本社にお伺いをたてた。

タイミングよく田渕節也会長と田淵義久社長がたまたま同じ日にロンドンに滞在する予定があったので、お二人に物件をみてもらうことにした。いろいろ質問が出るものと用意していたが、二人とも無言のまま建物を視察し、ほとんど質問は出なかった。どうやら買うことをすでに決めていたようすである。節也会長は「いよいよこういう時代になったな」と一言。「野村も自社ビルをロンドンにもつ時代になったな」という意味であったと思うが、その一言は非常に印象に残っている。

その後の進展は早かった。86年の4月には本社専務会の正式決定に先立って、プロジェクトチームが発足。8月には熊谷組との間で売買契約をとり交わした。87年2月にロンドン市当局から開発許可を取得、5月にいよいよ建物の解体工事が始まった。歴史的な建造物だから内装は自由に設計していいが外壁は残すようにとか、正面玄関は由緒ある装飾も含めて復元せよ、と当局から厳しい注文がついた。近くには「ロンドンウォール」と呼ばれる、ローマ時代の城壁の遺構も残っており、工事中に地下から史跡が出てきたら工事のストップも覚悟しなければならない。また、かつて最寄りのリバプールストリート駅まで郵便物をトロッコで運ぶために使用した地下トンネルも残されているようだ。これに手をつけたら大変だというので現場のほうもかなり神経を使って苦労したようである。

その年の10月のある週末、ロンドンは歴史的な暴風に見舞われ、大きな街路樹があちらこちらで根こそぎ倒れる惨状となった。週明けの月曜日、今度は「ブラックマンデー」という特大の台風がニューヨークから襲来した。その結果、株式市場は無残な姿となってしまった。当時、郵便局の建物は完全に外壁だけになっていたので自然の台風の被害を心配したが、幸いこちらのほうは大丈夫であった。

その頃私は時間があれば、工事の進ちょく状況をみにいった。少しずつ姿を変えてゆく建物をながめていると、気前よくポンド札を積み上げているようで、「完成の暁にはどんなことがあってもこのビルを守らねば」と気の引き締まる思いであった。

いろいろ気をもませた工事も大きな障害はなく完成し、野村はロンドン進出以来、4半世紀を経て自社ビルをもつことになった。新ビルは「ノムラハウス」と命名され、90年の11月27日にノムラハウス完成のセレモニーを行う予定となった。前もって、サッチャー首相にぜひ出席していただきたいと申し入れたところ「その日

1990年11月　ノムラハウス　オープニングセレモニー
田淵義久社長、ジョン・メージャー蔵相

は政治日程が入っているので無理。代わりに大蔵大臣のメージャー氏が出席する」という返事であった。当日はメージャー氏に記念のスピーチをしていただき、セレモニーは滞りなく終了した。

ところが、何とその数時間後に開かれた保守党大会でサッチャー氏は退陣し、後継首班はメージャー氏が指名された。そういえばノムラハウスでのセレモニーに多くの新聞記者や警察官が詰めかけ、野村も有名になったものだと内心うぬぼれていたが。まさか直後にこのような歴史的なイベントが控えていたとは考えが

1990年11月　バービカン・ホール〈ロンドン〉
ノムラハウス完成記念チャリティコンサート
ダイアナ妃、チャールズ皇太子と握手する筆者

及ばなかった。「大蔵大臣ジョン・メージャー」と刻まれた記念のプレートはいまでも残っているはずだ。これは歴史的な価値があると思うので大切に保管してもらいたい。

2日後の29日、バービカン・ホールに1500人の来賓を招いて、ロンドンシンフォニーによる記念のチャリティーコンサートを開いた。主賓はチャールズ皇太子夫妻であり、私もダイアナ妃に握手を賜る栄に浴した。当日

1990年　ノムラハウス全景

は、東京からも田淵社長をはじめ何名かの役員が夫妻で出席した。コンサート終了後、ご夫人方には一足先にホテルにお帰り願い、男連中は日本人が経営するなじみのクラブへ繰り出した。ビッグイベントが無事に終わったこともあって、リラックスムードでの祝杯となった。ところが全員ブラックタイの正装だったため、ほかのお客からはクラブのウエーターが集まって飲んでいると思われたようである。

このように、思い出の多いノムラハウスであったが、その後、業容の拡大により手狭となり、２０１０年にテームス河畔の新しいビルに移転した。そして、14年の春、ノムラハウスはシンガポールの投資家に売却された。かつて、ロンドンの空港でタクシーに「ノムラハウス」といえば、一発で通じたほど有名なランドマークであっただけに寂しいが、やむをえないことであった。

第5章　バンコ・サンタンデールとボティン会長
——世紀の風雲児

2回目のロンドンについて話す前に、エミリオ・ボティン氏との思い出を書いてみたいと思う。懐かしい名前である。スペインの地方銀行を欧州で最大、世界でも有数の銀行グループに育て上げた立志伝中の人物である。「あの人はいつ寝るのか」といわれたくらい、仕事好きでエネルギッシュな人であったが、先日、急逝したというニュースに接して非常に驚いた。79歳であった。

実は私の2回に及ぶロンドン勤務時代を通じてボティン氏とは親交が続き、数々の思い出がある。1980年代後半、1回目のロンドン時代にマドリッドのオフィスを訪問したのが最初であった。当時スペインはEU加盟直後で、欧州の新しい枠組みのもと、経済の発展が期待されており、ノムラ・インターも欧州の新しいマーケットとしてスペインにビジネスチャンスを求めようとしていた。

バンコ・サンタンデールは、1857年にスペインの北海岸のサンタンデールで創業し、ラテンアメリカとの貿易金融を得意とする地方の金融機関であったが、1900年代の初めにボティン家の支配する銀行となった。エミリオ・ボティン氏は、3代目の会長として1986年に就任し、EU加盟の上げ潮のなか、積極的な商法によりスペイン国内でのマーケットシェアを急速に高め始めていた。私が初めてボティン会長に会ったのはそんな時期であった。その後、何回か交流を続けるうちにすっかり親しくなり、私は彼を「エミリオ」とファーストネームで呼ぶようになった。

田淵社長が欧州出張の際、ぜひトップ同志で会ってもらいたいと思い、田淵さんに同行してマドリッドでエミリオを訪問したところ、たちまち御両所が意気投合。以来、野村とバンコ・サンタンデールの親しい付き合いが始まった。ここで背景を少し説明したい。当時、野村は「現地化」という代わりに「土着化」というスローガンを掲げていた。これは各地の土壌にしっかりと根をおろして地域の「インサイダー」になろうというもので、「現地化」よりもっと泥臭い考え方だ。これまでノムラ・インターは、株や債券を日本から輸入して成長してきたが、将来、現地密着型のビジネスがふえるにつれて、ＥＵ圏の「インサイダー」であることが戦略的に不可欠となる。現地の有力なパートナーが必要だ。こうした背景から、野村はバンコ・サンタンデールのような有力銀行と親しくしておきたいと考えた。一方、先方も将来のビジネスのグローバル化を見据えて、野村と密接な関係を築きたいと考えており、両者の思惑は一致した。しかし、それに加えて田淵さんとエミリオの相性がよかったというか、俗にいう「馬が合った」ことが、大きくプラスに作用したことは間違いない。

88年に先方の招待で、田淵さんに同行して創業地のサンタンデールを訪れた。この町は古くから大西洋に面した港として、またスペイン王室の夏の保養地として栄えた美しい町である。近郊には旧石器時代に描かれた動物の壁画で有名なアルタミラ洞窟があり、見学の機会に恵まれた。また、エミリオの2番目の娘さんは、この町出身のプロゴルファーのセベ・バレステロスと結婚していた。当時、セベはブリティッシュ・オープンに優勝したばかりで、地元のゴルフ場には優勝トロフィーが飾られており、私たちもトロフィーに触らせてもらった記憶がある。90年にエミリオ一行が訪日した際は、バンコ・サンタンデールが日本の金融機関を招待してゴルフ大会を開催した。田淵さんと私は、エミリオとセベの4人でプレーすることになった。グリーンまで池越えのホールにきたとき、自信のなさそうな私にセベが「YOU SEE NO WATER」(池なんかみえないよ)と何度もささやいた。覚悟を決めて4番ウッドを振ると、ものの見事なナイスショット。池を越えてグリーンのそばまで飛んで行った。あのようなショットはあれが「初めの終わり」であった。田淵

1993年12月　ボティン氏別荘（エル・カスターニョ）
（左より）筆者、相原マドリッド拠点長、田淵氏

さんには「よもやあそこまで飛ぶとは思いもしなかっただろう」とからかわれた。

エミリオとの想い出は数々あるが、特に印象に残っているのは、彼の別荘に招待された時のことである。マドリッドからスペイン国鉄（ＲＥＮＦＥ）の特急電車に乗って南へ１時間強、さらに駅から車で１時間ほど走った丘陵地にボティン家の別荘がある。この辺りはドン・キホーテで有名なラ・マンチャ地方であり、エミリオがゆっくり休んだり、狩猟を楽しんだりした場所である。驚いたことに別荘の敷地内に、ゴルフのマスターズ・トーナメントの舞台「オーガスタ・ナショナルゴルフクラブ」の名物ショートホールが寸分たがわず再現されていた。その夜は、夕食後遅くまでエミリオが日本経済や野村について、田淵さんを質問攻めにした。

別荘を取り囲む丘陵地は、「見渡す限り」などという慣用句ではとても表現できないほどの広さである。「エル・カスターニョ」と呼ばれる農園・狩猟区で、隣接する地区を含めると面積は世田谷区の1・3倍強という途方もなく広大な土地だ。プライベートジェットが発着できる滑走路もあると聞いてたまげてしまった。丘陵地一帯には鹿やイノシシが生息する。エサが豊富なのか、数がふえる一方で計画的に駆除する必要があるそうだ。

翌朝、エミリオをはじめ全員がランドクルーザーに分乗して狩場へ向かった。ハンティング・スポットはあらかじめ設定されているようで、しかるべき地点で2、3人ずつ降ろされていく。私はエミリオの家族の人と警備の人と同伴した。

全員が定められた位置につくと、勢子が猟犬を駆りたてて獲物の追い出しが始まる。猟犬は100頭近くいたようで大がかりな狩りである。勢子の掛け声や犬の吠

1989年3月　バンコ・サンタンデール会社説明会（東京）
エミリオ・ボティン氏、筆者

え声が次第に近づいてくる。息をひそめてその時を待つ。灌木の茂みがザワザワする。次の瞬間、「ドン」とばかりに、イノシシが目の前に飛び出してきた。イノシシは、まっすぐこちらに突進してくる。

　私は、とっさのことに全身が硬直し、身動きがとれなくなった。同伴のハンターは、急いで銃口を向けたが、そう簡単に命中するものではない。獲物は、棒立ちになっている私を尻目に悠々と逃げ去っていった。「バーン」。遠くで銃声が響く。少し離れたところでは鹿も追われているようだ。

狩りが終わって全員が別荘に戻った頃には、その日の獲物が集められていた。とり逃がしたイノシシや鹿も多かったが、それでもかなりの戦果があったようだ。

この別荘には2度招待されたように思う。ヨーロッパのお金持ちのレジャーのスケールの大きさにつくづく感じ入ったしだいだ。日本ではまず経験できないことであった。

エミリオは、1990年代にスペイン国内の競争相手を次々に買収あるいは統合して、スペインで最大手銀行の地位を固めた。2000年代に入ると、サンタンデールのグローバル化が始まる。2004年には英国で6位の商業銀行であったアビーナショナルを買収。サンタンデールUKと名称を変更し、英国で5番目に大きい銀行となった。さらにブラジルや米国でも銀行の買収を進め、今日のバンコ・サンタンデールグループを構築した。ちなみにグループのバランスシートは、1兆ユーロ（約140兆円）を超え、スペインのGNPとほぼ同額となった。その間、リーマン・ショックがもたらした金融危機が発生し、多くの金融機関が傷ついたが、サンタンデールは逆にこの危機をうまくとらえて成長したといえよう。

野村とサンタンデールは友好関係のしるしとして、お互いの株式を持ち合った。野村は1994年までにサンタンデールの株式を約200万株保有した（97年夏に売却）。

マドリッドからの便りによれば、未亡人のパロマさんは、20年以上前にエミリオと京都の野村別邸を訪れたこと、日本式旅館で初めて布団で休んだことなどを懐かしそうに話しているそうだ。世紀の風雲児であるエミリオ・ボティンが築いたサンタンデールグループは、長女のアナ・ボティンさんが会長として率いることになった。

天に召されたエミリオには、彼と知り合って親交を深められたことをありがたく思うと伝えたい。また楽しい思い出を数多くくれたことにあらためてお礼を申したい。

第6章　2回目のロンドン――未知への挑戦

1995年の春から、2回目のロンドン勤めをすることになった。副社長が海外勤務をする前例はなく、予想外のことであったが、いきさつはこうだ。

90年代の初頭に日本のバブルが崩壊し、金融・証券の業況は大きく変わってしまった。80年代には日本株式やワラント債を営業の中心として海外拠点の稼ぎ頭であった欧州本部の経営もその影響を受けて次第に厳しくなり、その中核であるノムラ・インターは94年には赤字を計上するようになってしまった。当時、私は海外業務を統括する副社長として、欧州経営の立て直しのためには、中核拠点であるノムラ・インターの業務ラインを抜本的に再構築することが不可欠だと考えた。これまで野村が得意としてきた日本株関連のビジネスは当面頼りにならないので、ロンドンは現地ビジネスを早急に立ち上げねばならない。新しい業務ラインの選定と並行して人材の確保も必要だ。従来は日本人派遣社員が主力で収益の大半を稼いできたが、これからはビジネスの内容も大きく変わりそうなので、欧米系のインベストメントバンクで経験を積んだ一流の人材を採用し、日本人社員と一体となって活躍できる環境を整えることがきわめて重要と思われた。つまり、先に触れた「土着化」を業務ラインと人の面で抜本的に進化させることであった。

94年の秋からこの線に沿って、ノムラ・インターの幹部とどのような現地ビジネスを始めるか、またそれに必要な人材の採用など具体的な再建策の検討を始めていた。95年の正月休み明けに、酒巻英雄社長から「ご苦労だが、もう一度ロンドンへ行って野村の欧州を健康体に戻してくれないか。君は土地勘もあることだから」といわれた。私も誰かロンドンに長期滞在して経営立て直しの指揮をとる必要があると考えていたが、私より別の役員がいいのではないか、いや、この際自分自身が行くべきではないかと悩んでいた。しかし、社長の一言で腹を固めた。

ロンドンは前回の勤務でノムラ・インターの社長・会長として充実した仕事ができた場所であるし、シティでの野村の地位向上にいささか貢献したという思い入れもある。そのノムラ・インターの再建を自分の手で行うのも何かの宿命かもしれない。副社長の海外勤務は異例だが、再建のために思い切った手を打つには肩書も必要かもしれないし、現地の社員に本社のコミットメントを示すことにもなるだろうと前向きに考えた。ただし、前回と違い多事多難が予想される。前回は日本人社員を中心として「義理と人情、浪花節」や「以心伝心」を前面に出せたが、今回は180度違う世界を覚悟しなければならない。また、業績不振の影響で社員の人心も動揺していると聞いている。やや大げさにいえば旗色の悪い戦地へ赴く司令官の心境であった。

95年の4月にロンドンへ着任。欧州経営会議のチェアマンという肩書で再建にとりかかった。まずは新しい業務ラインの編成と合理化による経費の削減である。心のうちは「はたしてうまくいくだろうか」という不安と心配でいっぱいであったが、顔には出さないようにして、早速、幹部連中と昼夜を分けず作業にとりかかった。

一連の再建策の基本観は、野村のもつ「強み」を最大限に活用して欧州経営の再生に資するというものであった。野村の資本の厚みと信用力、多様で豊富な日本の顧客層といったホーム・アドバンテージは、「強み」として依然健在である。加えて、欧州のマーケットの特性にフォーカスした、新しい現地ビジネスの展開を任せられる人材が社内にそろえば、強力な強みとなるが、実はこの点がいちばん気がかりであった。

しかし、顔ぶれが一新された現地スタッフ幹部と会議や食事会を重ねるごとに、一種の手ごたえを感じるようになった。新しい現地の幹部は、ゴールドマン・サックス出身のガイ・ハンズやCSFBからのサイモン・フライなど、シティの一流どころで実力を磨いてきた連中で、エゴも強いが腕も立ちそうな面々が多いと見受けられた。この連中を現地ビジネスの責任者に登用したらおもしろいのではないか。管理部門も人事担当のデービッド・ファラント、財務のニック・アルカビオティスなど有能な人材が目立つ。いずれも、この1、2年の間に入社しており、私の前回の赴任時にはあまり見かけなかったタイプの人材である。これは私にとって大いに勇気づけられるサプライズであった。「タウン・ホール」と称して社員全員と顔を合わせて議論する機会ももったが、社員の士気はこれまでの心配に反してかなり高いようである。何よりうれしかったのは私の赴任を好機として強いノムラ・インターの復活を期待する声が社員の間に多かったことである。

ここで私は自分のミッションを勝手に自分で格上げすることにした。この数年、日本勢が停滞しているうちに、欧米系の投資銀行は急速にグローバル化してシティでも勢力を拡大しており、日本勢としてはいささか残念な状況となっていた。社長の酒巻さんからの依頼は欧州の出血を止めて健康体に戻すことだったが、これは最低限の目標とし、どうせやるからには志を高くして、欧米勢に対抗できる欧州でトップクラスのユニークな投資銀行を構築することを「旗印」に掲げようと決心した。合理化もあわせて実施するが、全体としては「守り」より「攻め」の色合いが圧倒的に濃い再建策にすることとした。

新しい現地ビジネスの柱は、サイモン・フライの率いる債券の裁定取引（アセット・トレーディング）、東欧諸国の政治体制の変化に伴う国営企業の民営化や国債引受けなど一連の東欧関連ビジネス、そして、ガイ・ハンズをヘッドとするプリンシパル・ファイナンスの三つとした。それぞれの業務の展開については後の章で詳しく記述したい。

一方、前回の赴任時に開始したギルトエッジ債（英国国債）の値付け業務やフランス国債のプライマリーディーラーからは撤退を決め、ロンドン取引所会員権を取得時に始めた欧州株ビジネスは、日本向けビジネスおよびインベストメントバンキング関連に絞り込み、現地機関投資家向けの業務は大幅に縮小した。日本株営業については当面、あまり期待はできないが、日本の証券会社である旗印としてほぼ現状維持とした。この結果、95年半ばまでに人員数では約10%、経費では15%強の削減となった。

ギルトエッジ債の撤退については、複雑な思いがあった。少し脇道にそれるが記しておきたい。私の2回にわたるロンドン勤務では、英国の中央銀行であるイングランド銀行のエディ・ジョージ総裁には、大変お世話になった。とても偉い人だが、「エディ」とファーストネームで呼べる親しみやすい人柄であった。私が1回目のロンドンに赴任した84年頃、エディは、イングランド銀行の理事としてギルトエッジ市場を担当していた。87年にはエディの勧めもあり、ノムラ・インターはギルト債の値付け業務参入を申請した。ところが、折悪しく英国の証券会社による東京証券取引所会員権の取得が、日本側の対応によってスムーズに進まず、英国政府が野村のギルト債参入とてんびんにかけて政治問題化してしまった。つまり、東証のほうが解決しない限り、野村の申請は認めないという、いわゆる「日英金融摩擦」である。

この問題は両国の関係筋の多大な努力の結果、無事落着し、野村は外国勢としては早い段階で認可を得ることができた。この間エディは「ギルト市場の近代化のためには国際化が不可欠」と終始サポートしてくれた。

私が欧州ビジネス再建のために2回目の赴任をした時、彼はすでに総裁に就任し

ていた。当方は、再建策の一環として値付け業務から撤退することを決めている
が、参入に際しあれほど力になってくれたエディに申し訳ない。ぜひ自分の口から
事情を説明したいと思い、着任早々、イングランド銀行へ出向いた。
遠慮がちに撤退の件を切り出すと、エディは「それは野村の経営上の決定だから
尊重する。そんなことよりも、このところシティのノムラはさっぱり元気がない
じゃないか。ノムラががんばらないとシティの活気が衰えてしまう。早く立て直し
てくれ」と激励されてしまった。シティの「親分」であるイングランド銀行の総裁
のこの言葉は、涙が出るほどうれしく、以後2年間の在英中、非常に大きな心の支
えとなった。
若干、余談めくが、エディと私には二つの共通点があった。二人とも希代のヘ
ビースモーカーでラグビー好きであった。当時、すでに嫌煙思想が広まっており、
灰皿が用意されている中銀総裁室は彼のところ以外にあまり知らない。私が訪ねて
行くと、にやりとして隅のほうから灰皿を持ち出して早速一服となる。ラグビー談
議もよくしたし、一緒に観戦もした。97年の5カ国対抗ラグビー（ファイブ・ネー
ションズ）のイングランド対フランス戦は優勝のかかった大一番で、終了直前まで

イングランドがリードしていたが、最後にフランスに逆転されて３点差で負けてしまった。お互いガックリしてトゥイッケナムのラグビー場を後にしたことをいまでも覚えている。タバコとラグビーの縁もあって、エディとは公的な関係を超えて、親しくお付き合いさせてもらった。

話を本筋に戻したい。業務ラインを再編成するに際して、一つの考え方があった。それはロンドンでの収益性は低くても、野村全体として中長期的な視点も含めて利益となるならば、ロンドンの収益性のみで縮小や撤退を考えるべきではないということであった。ユーロ国際市場でのユーロボンドビジネスがまさに典型的な例である。競争の激化によってロンドンでのユーロボンドの引受けは赤字になることが多く、ノムラ・インターの採算上は積極的にやりたくないビジネスである。しかし、多様で分厚い顧客層をもつ東京の債券部を通じて販売すれば野村トータルでは黒字になる公算が高い。同時に、野村全体の戦略上重要なリーグテーブル（引受実績の順位表）の上位を保つことも可能となる。しかし、東京とロンドンでは損益が別々に計算されるので、トータルな運用は現実的にはむずかしい。何か新しい仕組みを考える必要に迫られ、本社の役員連中と、東京・ロンドンの連携をどう推進するかの議論を開始した。

米系の証券会社は、すでに事業部門（株式、債券、投資銀行業務など）ごとにグローバルな組織をつくっており、世界中どこで取引が発生しようとも、共通の帳簿（グローバル・トレーディングブック）に損益が集中される仕組みになっていた。野村でも同様な組織が必要と考えたが、一気にそこまでは無理なので、トータルな運用を推進するために、とりあえず、ノムラ・インターの債券ビジネスの損益を、管理会計上、東京の損益とすることとした。95年5月のことであった。続いて、翌年96年の11月にはノムラ・インターの債券部門（アセット・トレーディングチームを含む）と株式部門のシナジー（相乗効果）を高めるため、インターナショナル・マーケット部門として統合。この部門で債券・株式の対顧客ビジネスおよび債券・株式のアービトラージ（裁定取引）ビジネスを行うこととした。各ビジネスの損益は、管理会計上、対象となる顧客とマーケットを考慮した一定の比率で、欧州と東京の金融市場本部および株式本部に配分することとした。東京とロンドンのグローバルな運用、共同経営の考え方を一段と強めるための施策であった。2年前にアセット・トレーディングチームのヘッドとして入社したサイモン・フライをインターナショナル・マーケット部門長として登用した。

少し後のことになるが、野村のグローバルビジネスの体制は一段と進展し、98年11月には債券、株式、投資銀行、およびリスク管理と業務ライン別にグローバルな組織が組成され、それぞれのラインにグローバル・ヘッドが任命された。この結果、野村のグローバル・ビジネスは業務別ラインと、地域本部（本社、米州、欧州、アジア・オセアニア）とのマトリックス体制となった。これで米系証券会社並みの体制になったわけだ。その時、私はすでに野村証券を離れていたが、ロンドン時代に新体制の種まきをしたと思っている。

私の2回目のロンドン勤務は、ノムラ・インターのビジネスやカルチャーが大きく変わる節目に当たった。日本人中心の経営から、シティの投資銀行で腕を磨いてきた外国人幹部が中心となった。私の役割はリーダーとして、彼らが野村を信頼して働きやすいカルチャーを創り出すことであった。経営会議のメンバーに外国人幹部を登用したり、成果主義の報酬形態を導入したりするなど、欧米の投資銀行に近づけるよう努めた。いわば、野村のなかで「外資系」を経営しているようなものであった。

このように書くと、外国人だけを大事にしていると思われるかもしれないが、けっしてそうではない。当時、ノムラ・インターの社員数は1800人くらいで、日本人社員は全体の5％弱だが、彼らの役割も同じく重要であった。公式、非公式な機会を通じて、日本人社員ともコミュニケーションを図ったが、幸いここでは「以心伝心」の伝統が生きていた。たとえ地味なサポート役でも、私の考え方を理解して協力してくれた。それにしても社内の飲み会やゴルフ会によく行ったものである。

新しいノムラ・インターを構築していくうえで最もよかったと思うのは、共同会長のサー・ダグラス・ワスと密接なよい関係をもてたことである。サー・ダグラスはケンブリッジ大学卒業後、英国大蔵省に入省。74年から83年まで大蔵次官を務め、81年には全省庁をとりまとめる「主席官僚」(HEAD OF CIVIL SERVANTS)に指名されている。野村は業務の現地化を進めるためには、経営陣に英国人のパートナーが必要と考えていた。サー・ダグラスは私が84年にロンドンに赴任した時、すでに退官していたが、私の前任者の黒川正明さんが強く推薦したので一緒に訪問して、野村へ入ってもらえないかと頼み込んだ。何しろ、サッチャー政権の大蔵次官という大物であるから受けてもらえるか心配であったが、意外にも快諾。86年からノムラ・インターへきてくれることになった。サー・ダグラスは当然のことながら国の内外に広い人脈をもっており、私や日本のマネジメントに対しても遠慮なく

サー・ダグラス・ワス夫妻
（ウィンブルドン・テニス大会 野村のマーキーにて）

意見がいえる人であった。さらにサー・ダグラスは、外国人スタッフにとって最高の助言者であり、頼りにされる人であった。彼とうまくタッグを組めたことで、外国人幹部からノムラ・インターの経営陣に対する信頼を得ることができたと思う。

第7章　ガイ・ハンズとプリンシパル・ファイナンス
——証券化のマジシャン

新しい現地ビジネスがどのように展開されたかについて触れてみたい。まずプリンシパル・ファイナンス業務である。

1994年の後半、再建策を検討している最中、ノムラ・インターから採用に関する情報がもたらされた。それは、シティの米系投資銀行で債券トレーディングや投資銀行部門を経験した人物が、自分で構想を温めていた「プリンシパル・ファイナンス」なる新業務を社内に提案したところ却下されたので、構想を実現できそうな転職先を探しているという話であった。この人物を面接したが、非常におもしろいアイデアの持ち主で実行力もありそうなので、ぜひ採用したいという強い要請があった。

私自身、この時点ではプリンシパル・ファイナンスがどのような業務なのか十分に理解していたとはいえないが、業務をよく理解しているノムラ・インターの投資銀行部門の部長である山道《やまじ》裕己君（後に野村證券専務、現大阪取引所社長）の強い勧めや、人事担当の「将来有望な人物だ」という言葉に背中を押されて、この際、ロンドンの希望を受け入れることにした。

この人物の名はガイ・ハンズ。オックスフォード大学卒業後ゴールドマン・サックスに勤務していた。当時まだ30代前半の新進気鋭の証券マンだ。94年11月、ガイはプリンシパル・ファイナンス・グループ（PFG）設立の責任者としてノムラ・インターに入社、早速、設立準備室を開設しチームの編成にとりかかった。

ガイはがっしりとした体格の英国人だ。精悍《せいかん》な風貌で眼光は鋭く、いかにもやり手という感じだが、話し方は柔らかでどこか人をひきつけるような魅力があった。私は着任早々、PFGビジネスについて彼の考え方を直接聞いてみることにした。

「ガイ、君のアイデアについては、ある程度知っているつもりだが、今日は直接聞いてみたいと思う。初心者に話すつもりでわかりやすく頼む」

「わかりました。やってみましょう。途中で何でも質問してください」とガイ。「まず投資銀行が、企業や資産を自己資金で（プリンシパルとして）買収します。次に買収した企業や、資産が生むキャッシュフローを証券化します。つまりキャッシュフローを元利金の支払いにあてる債券をつくるのです。この債券を投資家に売って資金を調達して、最初の買収資金をできるだけ回収します。全額回収できれば、その時点で買い手の野村はリスクがなくなり、いわゆる「リスクフリー」となります」

「この手法は以前からあったのかなあ」と私。

「米国では前からありますが、欧州ではこれからです。また、「証券化」を本格的に活用した例は米国でもなく、通常は銀行借入れで買収資金をまかなっています」

「証券化するほうが銀行から借りるより有利なのかな」

「キャッシュフローを利用した債券を格付機関へ持ち込んで格付してもらいます。キャッシュフローの内容が安定していれば、当然高い格付がとれますから借入れコストも銀行借入れより安くなります」

「なるほど、そうするとキャッシュフローの安定性がカギということだね」

「そのとおり。私は人気のない企業でも安定したキャッシュフローを生む力をもっていれば買います。そのほうがえてして安く買えますしね」ここまで聞いて、ビジネスの入口はかなりわかってきたが、それからどうするのか聞いてみた。

「証券化に成功すれば野村は買収資金のリスクはもう考えなくてよいのですから、次は企業価値の向上に専念します。将来の売却に備えて、エクイティバリューを高めるのです。買収した企業はいろいろな理由で効率的な経営を行っていないケースが多いので、積極的に経営に参加して、経営の体質改善や必要があればリストラを実施します」

「経営参加といってもガイ一人では大変ではないの」

「私はもちろん買収企業のボードに入りますが、PFGからも何人かのスタッフを常駐させます。経営トップに問題があれば、すぐほかの信頼できる人材と入れ替えますし、その他の専門家も必要に応じて採用します」

「企業価値の向上がうまくいったとして、最終ステップの利益の実現にはどんなやり方があるのか、また売却までにどのぐらいの期間をみておけばよいのか聞かせてくれないか」と私。

「利益の実現は大きく分けて3通り。買収企業の株式の上場（IPO）を通じて証券市場に売却するか、特定の買い手に企業をまるごと売却するか、あるいは、資産のバラ売りです。期間は個々の案件によって異なりひとくくりにはいえませんが、まあ2年から5年というところでしょうか」

　ガイとのやりとりは以上のとおり。要約すれば証券化の活用によってリスクを低減し、転売利益を得る仕組みだ。ガイがいちばんいいたかったことは、この証券化技術の応用は世界的にも新しい手法ということである。

すでに述べたように、それまでのところ、私自身この業務を十分に理解していたわけではないが、ガイと話し合い彼の考え方を聞くにつれ、ＰＦＧを現地業務のひとつの柱として育てようという思いが強まっていた。

ガイの投資に対する考え方、あるいは戦略は非常に単純明快である。ひとことで表現すれば徹底したコントラリアン（逆張り）戦略だ。彼は時流にのった成長企業には見向きもしない。関心があるのは、安定したキャッシュフローを生み出す力はもっているものの、なんらかの理由で低成長に甘んじ人気のない企業である。こうした企業は概して市場からも不当に低く評価されており、いわばお買い得なのだ。民営化ニーズがある英国や、企業経営が必ずしも効率化されていない欧州はガイにとって「おいしい」マーケットであった。

「くず鉄を真ちゅうにするのは容易だが、銅を金に変えるのはむずかしい」これはガイの投資哲学である。

私はＰＦＧ業務の進め方について、ガイにいろいろ要望を述べ、また注文をつけた。列挙すると次のようになる。

一、決して無理をしない。野村で成功するには、特に最初が肝心

二、出口（売却）はなるべく早めに

三、ＰＦＧと経営のコミュニケーションを密接にすること。決して情報の「ブラックボックス」をつくらない

四、ディールごとにいっさいの経費を差し引いた後、純利益の30％はボーナスとしてグループに渡す。メンバーへの配分は基本的にガイが決めてよい

五、ただし、一つの案件を売却するまでの期末評価益はボーナスの対象としない。あくまで実現益のみ対象とする

ガイにとっては理解しにくい注文もあったと思う。特に5番目はシティの慣習と違うので戸惑いもあったはず。なかなか「うん」といわなかった。しかし、評価益に基づいてボーナスを支払った後に価格下落して会社が損することもある。その場合でも払ったボーナスは戻ってこないので、この点は譲らずにがんばった。ＰＦＧビジネスは入口から出口まで時間がかかるので、これは大切なポイントであった。投資銀行部門の責任者であった山道君も間に入って苦労したと思うが、ガイも最終的に合意してくれた。また、3番目だが、「ブラックボックス化」によって失敗した例を数々みたり聞いたりしているので、こだわった点である。

私のロンドン生活は、97年の春までの2年間であったが、その間にＰＦＧは4件のディールを成立させ、ノムラ・インターの収益に大きく貢献してくれた。ガイはその後も多くの案件を手掛け、10名でスタートしたＰＦＧは02年までに80名程度に成長していた。

野村で創業したＰＦＧは02年に転機を迎えた。ガイはさらに業務を拡大したい意向だが、投下資金量はバランスシート上の制約を無視してふやせない。ガイとノムラ・インターは協議を重ねた結果、ＰＦＧが野村からスピンオフして新会社を設立、外部の投資資金を募って投資ファンドを設立し、さらなる業務の拡大を目指すことに合意した。新会社の社名はテラ・ファーマという。野村はその時点で保有していたＰＦＧ資産の運用をテラ・ファーマ社に委託。同時に新たに設立されたファンドに10％出資することとなった。その後もガイの会社は発展を続け、04年には20億ポンドを超える大型ファンドの募集に成功して運用資産を着実に拡大。欧州で最有力の投資ファンドの一つとしての地位を築いた。

14年、ガイがノムラ・インターに入社してＰＦＧを始めてから20周年に当たる。これを記念してガイの会社で社史を出すそうだ。ガイはいまも定期的に訪日し、投

ガイ・ハンズ、筆者（ロンドン郊外）

資家向けにファンド説明会を開いている。私はそのつど会って旧交を温めているが、相変わらず精力的だ。ただし、20年の歳月を経てガイの髪にも白いものが交じるようになってきた。当方も、めでたく後期高齢者の仲間入りとなった。

この章の最後に、なぜPFGビジネスが成功したのか、振り返っておきたい。

まずは始めたタイミングがよかった。私とのやりとりのなかでガイがいっているように、当時、世界的にみてもこの種の買収で資金調達に証券化を利用した入札者は存在しておらず、銀行借入れでまかなうのが通常であった。買収資産の生むキャッシュフローの安定性を格付機関に説明して、よりよい格付をとるノウハウも一般的ではなく、PFGが先駆者であった。その結果調達金利に大きな差が生じ、低い金利での調達を前提としたPFGが競争入札の買収価格設定で強い競争力をもつことができた（もっとも、すぐにこの手法をまねする投資銀行が出てきて、競争力を保てたのも1、2年程度ではあったが）。また参入者が少なかった初期においては、比較的安い値段で落札が可能で、ディールの収益性に貢献した。これらはいわば、創業者利得である。

さらに、案件の供給面でもグッドタイミングであった。PFGが創業した95年は、くしくもメージャー政権下で民営化の第2フェーズが始まる年であった。英国国鉄のエンジェルトレインや国防省の軍人用住宅など魅力的な大型案件が95年から96年にかけて次々に登場した。野村は斬新な証券化手法による国有資産の買収にいち早く参入し、競合入札者への優位性を発揮できた。

2番目は、本社の理解とサポートが得られたことである。野村としてもなじみの薄い業務であり、次の章、「パブの買収」で詳述するように私の独断でフライング・スタートした経緯もあったが、結果として本社の追認を受けられた。「結果よければすべてよし」とか「勝てば官軍」とはいうものの、リスクの高い業務だけに初めが大事と考えて必要以上に慎重なスタンスで臨んだことや、ガイをはじめとするPFGのスタッフとのコミュニケーションを密にして、いわゆる「ブラックボックス」をつくらないよう努めたことなどが奏功したと思う。この点、現場で常時、ガイやPFGチームとの意思疎通を図ってくれた山道君の貢献が大きかったと思う。おかげで、あとに続く一連の案件は、ノムラ・インターの独自の判断で業務を展開することが可能となった。もっとも、このような進め方は「ノムラ・インターの立て直し」という大義名分があったことと「外村のお手並み拝見」ということで例外的に可能になったことだと思う。通常なら本社にノムラ・インターの独走をチェックされたであろう。

3番目の成功要因は案件にゴーサインを出す前に、多くの費用と時間をかけて徹底的な調査を実施したことである。案件ごとに、投資対象となる事業に精通したプロや法務、会計などの外部専門家を起用してチームを組成。多角的に当該案件の収益性や、想定しうる限りのリスクについて調査・分析を実施した。民営化がらみの案件については政治リスクにも目配りの必要があり、その道に詳しいコンサルタントも起用した。ノムラ・インターはおそらく、競合他社に比べて、より徹底した調査を行った結果、入札に際して情報面で優位を保てたと思う。たとえば、一般的に事業にとってマイナス要因と思われる事象も、詳しく調べてみると必ずしもそうではないと判定され、他社が入札に弱気になっているときに当方は自信をもって入札に成功した事例もある。PFGの第2号案件であった「エンジェルトレイン」がその好例である。後に詳しく書くので、ここでは省略する。

調査チームと並んで重要だったのはノムラ・インター固有のリスクマネジメント・チームであった。私はいつも、通常のリスクを想定したシナリオのほかに、リスク度をずっと高くしたストレスシナリオを作成するよう指示していた。そのうえで、ストレスシナリオでも損失が管理可能な範囲に限定されるようであれば、案件に「ゴーサイン」を出すことを大原則にしていた。

最後になるが、やはり最も重要な成功要因はガイ・ハンズの存在であろう。彼が誠にタイミングよく野村に転籍し、強烈なリーダーシップを発揮してPFGをけん引したことである。ガイの採用を積極的に進言した、当時のノムラ・インターの幹部に感謝せねばならない。

次の章以降でＰＦＧ案件の実例をいくつか紹介したいと思う。

第8章　パブの買収――飲み屋開業じゃないよ

1995年の初夏、ロンドンの金融街シティにあるノムラハウスの私の部屋でガイ・ハンズとプリンシパル・ファイナンス・グループ（PFG）の第1号案件について話し合った。

以下ガイとのやりとりを再現してみよう。

「ガイ、何かいいディール見つかりそうかい？」

「第1号案件としてとてもいいものがあります。パブをまとめて買えそうです。これでいきたいと思います」

「ちょっと待ってくれ。私はノムラ・インターの立て直しに来たが、水商売を始めるつもりはないよ」

「飲み屋をやろうとはいっていません。パブの経営者のことをパブリカンといいますがパブリカンは家主に家賃を払ってパブの営業をしています。いま、あるビール会社が自社保有のパブ用不動産をまとめて売りたいという話があります。これを買収して野村が1800軒のパブ用不動産のオーナーになるのです。ビール会社は、最近施行された政令によって直営のパブの数を減らさなければならないので売却を急いでおり、価格も買い手有利になりそうです」

「それじゃ、不動産屋になるのかい」

「話はこれからです。パブリカンが払う家賃は不払いや延滞が統計的に非常に少なくて家主にとっては安定した収入となります。パブを買収できれば、このキャッシュフローを元利金返済に充当して野村のパブ保有会社が社債を発行します。キャッシュフローの安定度からみて最上級の格付がとれるはずです。買収資金はこの証券化で十分まかなえると思います。つまり野村はすみやかに投資元本を回収し、リスクフリーでパブ会社を保有できるのです。その後パブ会社を上場するか、新しい買い手に会社ぐるみ売却して利益をあげるのです。儲かると思います。ぜひやらせてください」

「なるほど。飲み屋や不動産屋ではなく、証券ビジネスのようだな。ところで買収金額はいくらぐらいかなあ？」

「２億５０００万ポンドです」

私は思わず息をのんだ。５００億円近い金額である。証券化で回収できるとしても、いったんは自己資金で支払わねばならない。証券化でつまずいたら、リスクをとる期間が長引くことになり、その間に予期せぬ問題が発生するかもしれない。従

パブ証券化の仕組み

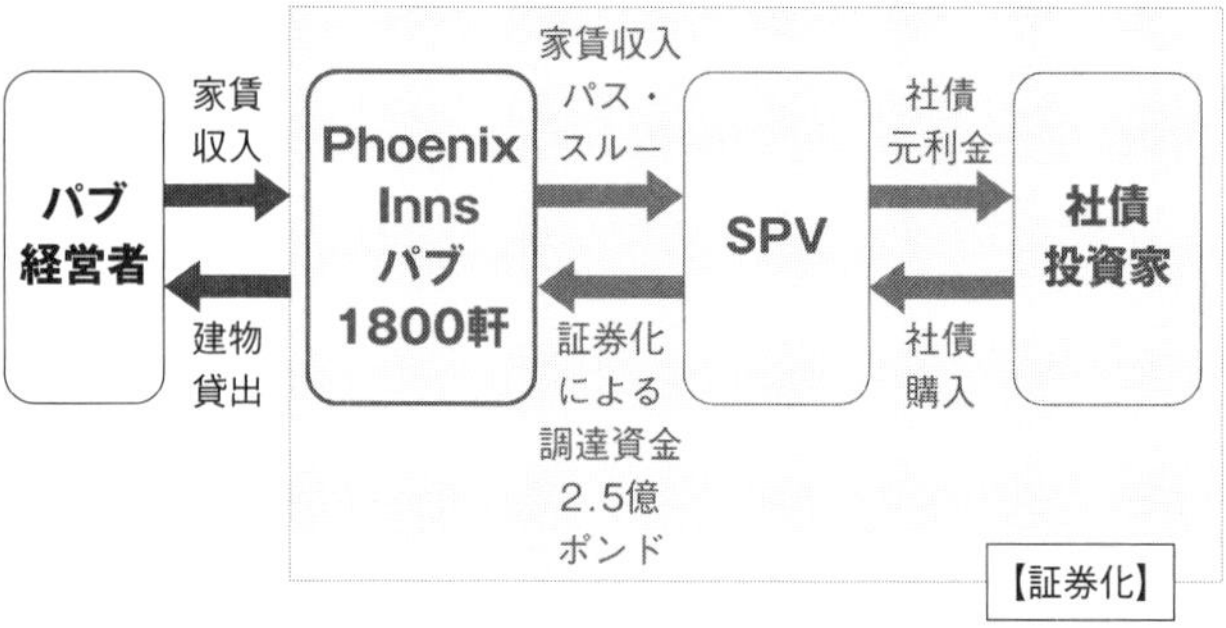

来、野村では、ブローカー業務や引受業務による手数料ビジネスが主流であり、このようなリスクをとって多額の自己資金をコミットするビジネスはほとんど行われていなかった。ＰＦＧビジネスについては、頭のなかでは理解していたつもりだが、多額の資金投下を現実に迫られると本社の了承をどう取り付けようか、非常に悩ましい問題である。

「ガイ、話はわかったが少し考えさせてくれないか」

「あまり長くは待てませんよ。相手のある話ですから、タイミングが肝心です」と言い残してガイは部屋を出ていった。

私は考えた。直感的にこのディールはおもしろそうだと思う。英国に突然禁酒法でも施行されない限り、英国の伝統的なカルチャーの一部であるパブ稼業は廃れないだろう。第1号案件にしてもよさそうだが問題は買収資金をどうするかだ。繰り返しになるが、野村はこの種の自己資金投資に慣れていない。本来のルール上は本社の経営会議に諮るべきであるが、すんなり了承されるか自信がない。たとえOKが出るとしても、それまでにかなりの時間がかかると思われる。そのうちに商機を逸してしまう可能性も高そうだ。そうなれば、野村を期待して集まってきたPFGのメンバーの士気は甚だしく低下してしまい、失望して退社するメンバーも現れるのではと危惧される。悩んだ末、自分なりの結論を出した。自分は社長に直接依頼されて、欧州すなわちロンドンを立て直しに来たのだ。そのためにもこの案件はぜひ取り組みたいし、成功させて再建に弾みをつけたい。ここは自分がフライングを犯すリスクをとって決断をして前に進むしかないだろう。平常時であればともかく、いまは非常時である。責任は自分がとればよい。勝てば官軍、負ければ賊軍である。よし、副社長の肩書を経営会議に担保に差し出したつもりで即決することにしよう。担当部長の山道君にもこの方針を説明して、再度ガイに来てもらうことにした。

「ガイ、パブの案件は前に進めることにするが、ひとつ条件がある。このディールはそんなに儲けなくてもいいから大損だけはしないようにしてほしい。これは野村にとって未経験でなじみの薄いビジネスだ。初戦で失敗すると、後の仕事ができなくなるおそれが大きい。私はプリンシパル・ファイナンスを新規ビジネスの柱として育てたいので、野村全体の理解が得られるまでは安全運転で行きたい。私には楽観的で景気のいいシナリオではなく、一連のリスクをいちばん厳しく見積もったシナリオをみせてほしい。それでもあまり損が出ないようならOKする」

ガイは、社外の弁護士、会計士、パブに特化した不動産鑑定士や社内のリスク管理担当者などを含めた大掛かりな調査チームを編成し、数週間かけて徹底的な調査をした。

その間、私はPFGが仕組んでくれたパブツアーなるものに出かけることになった。何しろ金融機関としてパブのオーナー第1号になるばかりか、1800軒といえば英国で営業ライセンスをもっている約5万軒のパブの4％近くに相当し、野村は一挙にパブの一大オーナーとなる。私はロンドンで日本人が経営するカラオケバーは熟知しているがパブにはあまり知識がない。少し勉強しておかなければという気持ちだった。この時、パブにも色分けがあることを初めて知った。ピンクパブはゲイ専門。ブルーはストリップもあるやや品のないパブである。私が連れて行かれたのは残念ながら、色つきではなく普通のパブだったが、都市型、郊外型と地域特性で選んだ何軒ものパブをハシゴして回り、ツアーが終わった時は結構できあがってしまった。

数週間たって調査リポートが完成した。通常の予測シナリオに加えて「DOOMSDAY」（この世の終わり）シナリオと呼ばれる最悪のケースを予測したシナリオも提出された。私はためらいなく後者のページを開いた。それによると最悪でも若干のロスを覚悟すればすみそうである。これなら何とかなりそうだ。私は約束どおりこの案件を進めるようガイに指示した。同時に山道君に、ガイの部下を同行してすぐに東京に出張し、経営会議の関係者に「この案件はノムラ・インターの判断でスタートするが、最新の金融技術を使った投資銀行業務であり、決して飲み屋稼業を始めるわけではない」ということを十分説明するように指示した。

さてそれからのガイの動きは速かった。まず大手のビール会社からロンドン近郊のパブ１８００軒を保有する「フェニックス・イン」社を買収。この会社にノムラ・インターの社員を5名派遣して経営にあたらせた。特記すべきは女性3名からなる「家賃回収チーム」であった。彼女たちは家賃回収率によって割増し報酬を受け取る。お互いに高い回収率を競い合っていた。パブに限った話ではないが、リース料などキャッシュフローの回収屋である「サービサー」の能力が証券化業務の成功の要因となることが多い。

家賃収入の証券化は95年の8月に実行された。ガイのいったとおり格付機関から高い格付を取得し、2億5000万ポンドのゼロクーポン債を発行した。これでパブの買収資金を全額まかなえることになり、やれやれ、ひと安心となった。その後はパブからのキャッシュフローのさらなる安定化やパブの経営効率を高めるためのアドバイスをパブリカンに対して行うなど、間接・直接にフェニックス・インの企業価値を高める努力を続けた。パブリカンへのアドバイスの一例として、従来、個々のパブが独自にやっていたビールの仕入れを一括して行い、仕入価格を下げて経営の効率化を図ってはどうかというものもあった

当初、フェニックス・インは証券取引所に上場して株を売却するか、特定の買い手に会社を一括売却して利益をあげることを計画していたが、不動産市況が好転したため保有する資産を不動産として売却するほうが有利になってきた。結局、出口

戦略としては当初考えていなかった「不動産屋」を開業することになったが、取得後２年強で約半分のパブ用不動産を売却。残りも引き続き順調に売却することができた。

かなり多額の利益が計上でき、ＰＦＧ案件第１号は成功裏に終了することができた。こうして回想すると、最初の案件だけに過度に緊張し慎重になったが、このディールが順調に運んだことで後に続くよい流れをつくれたと思う。また、このディールを通じて、ガイの率いるビジネスの競争力や収益性の高さを肌で感じることになり大いに勇気づけられた。自分でリスクをとって前進して本当によかったと思う。

第9章　二つ目の案件——エンジェルトレイン

1979年に首相に就任したサッチャー氏は、「小さな政府」を目標に掲げて一連の政策を実行し、沈滞していた英国の活性化に努めた。国有企業の民営化は政策の目玉のひとつであった。第2次大戦後、英国の主要産業は戦後復興のため国有化されていたが、労働者の権利を優先する労働組合の影響力が強く、企業の効率性は低いまま放置されていた。いわゆる「英国病」である。

民営化の第1フェーズは、政府が保有する国営企業の株式を投資家に公募する形態で行われた。84年11月には国営電話・通信会社であるブリティッシュ・テレコムが第1号として民営化された、86年12月にはブリティッシュ・ガスが、90年から91年にかけては国営電力会社が配電と発電に分けて民営化された。野村證券はそれぞれの民営化についてアジア地域（主力は日本）での引受・販売の主幹事に指定された。株式の販売は投資家の間で高い人気を博し、買付申込みが割当て分を大きく超える結果となった。

私も、ブリティッシュ・ガスの民営化の際は、現地の責任者として、本社の協力も得てアジア地域での主幹事を獲得することができた。主幹事が決まったときの達成感、爽快感はいまも記憶に新しい。

サッチャー首相は90年に退陣。株式の公募によって行う民営化の第1フェーズはそれまでにほぼ終了しており、その他の政府事業の民営化はサッチャー氏からバトンを受けたメージャー政権が継承した。

民営化第2フェーズの特徴は、政府の事業にPFI（プライベート・ファイナンス・イニシアチブ）によって民間資本を導入することであった。野村は参加しなかったが、刑務所の施設の建設・運営を民間に任せるというプロジェクトも実行された。もっとも、住人を連れてくるのは引き続き政府の仕事である。

95年の初秋、第1号案件のパブの証券化が順調に完了し、少しほっとしていた頃、ガイのチームが第2号案件を持ち込んできた。英国国鉄（ブリティッシュ・レイル）の民営化に伴う案件である。私はガイに第2号案件について詳しく説明してもらうことにした。

「ガイ、パブの証券化はうまくいってよかったね。グッドスタートだ。ところで、今度は英国国鉄民営化にかかわる大きな案件のようだが…。私が10年ほど前に経験した民営化は、株を引き受けて販売するというわかりやすいものだったが、今回の英国国鉄民営化については複雑な仕組みと聞いている。この案件にはどうアプローチするのか、よく説明してほしいのだが」とまず私。

「たしかに規模は大きいのですが、今回もキーワードはパブ案件と同じでキャッシュフローと証券化です」とガイが始めた。

「そう簡単にいわれても見当がつかない。もっと詳しく説明してほしい」

「そうしますが、その前に今回考えられている民営化の仕組みを紹介します。ちょっと子供にいうような話で恐縮ですが、そもそも、鉄道会社が列車を走らせて乗客や貨物を運ぶには三つの大事な機能が必要です。最初は線路、駅舎、信号システムといったインフラの保有・メンテナンスする機能。次は鉄道車両の保有・メンテナンス機能。三つ目は実際にダイヤを組み列車を運行する機能です」

「日本の国鉄民営化は、3機能を併せ持った会社を地域ごとに設立したことになるね」と私が口をはさんだ。

「そうです。一方、英国の手法はブリティッシュ・レイルを機能別の会社に分解して、それぞれを民間会社化しようというものです。日本のやり方を縦割り方式とすれば、英国の手法は輪切り方式といったところでしょうか。先ほどいいました線路などのインフラ会社はレイルトラック社といい全国をカバーします。なお、この会

英国国鉄の民営化の仕組み

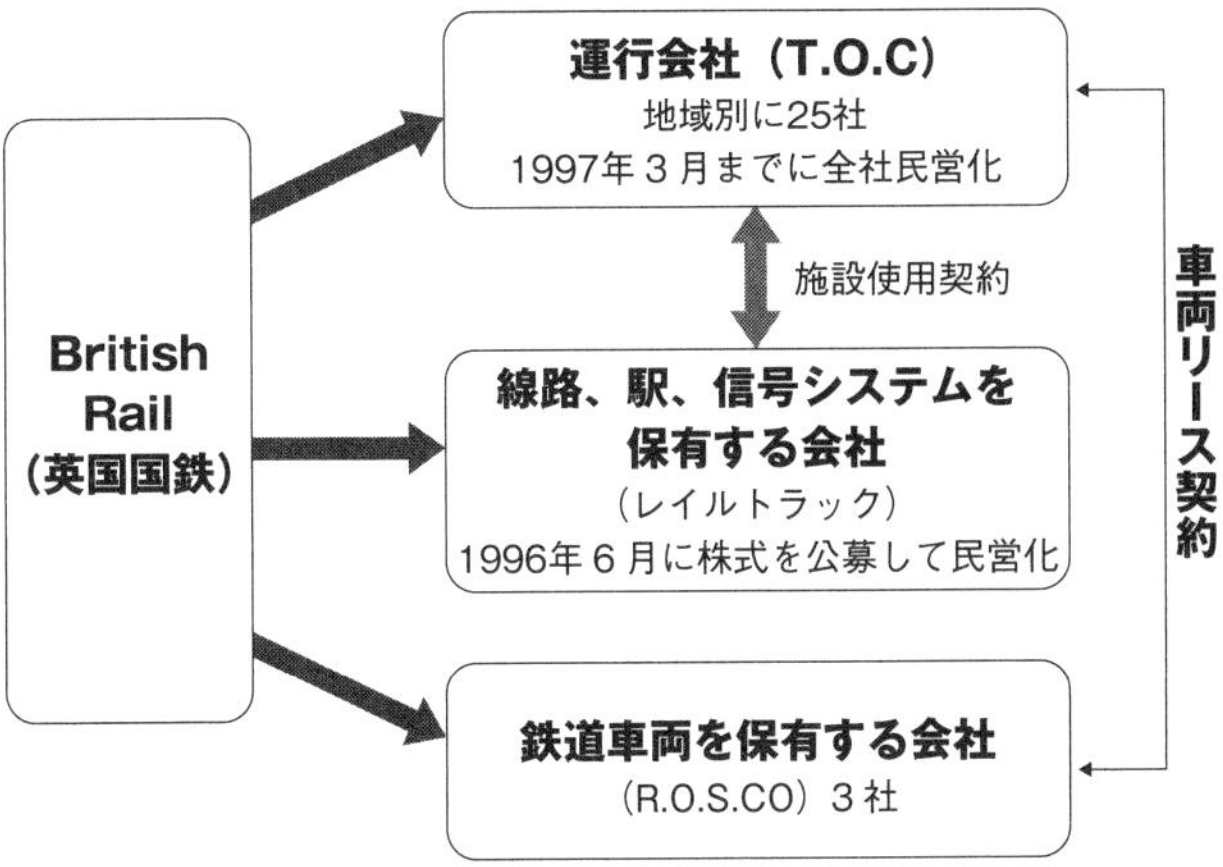

社の民営化は通常の株式の公募形式で行われる予定です。車両保有会社はROSCO（ローリング・ストック・カンパニー）といい、３社に分かれています。三つ目の列車運行会社は、TOC（トレイン・オペレーティング・カンパニー）と呼ばれ、全国で地域別に25社設立されています。

この運行会社はレイルトラック社と施設利用契約を結び、車両会社と車両リース契約を結んで、実際に列車を走らせることになります」

「英国の仕組みはわかってきたが、先ほどのキャッシュフローと証券化はどうつながるのか早く聞きたいね」と私。少しじれ始めている。

「前置きが少し長くてすみません。これからが肝心なところですから、よく聞いてください。私たちPFGは機能別の会社のなかで、車両会社を買収したいと考えています。とりわけ、車両会社3社のうちいちばん規模の大きいエンジェルトレイン・コントラクト社をターゲットにしたいと思います。エンジェル社は約3600両の電気機関車、ディーゼル機関車や客車などの鉄道車両を保有し各地域の運行会社にリースしています。25社の運行会社も将来すべて民営化される予定ですが、現時点では一部しか民営化されておらず、大半はまだ国有会社です。ですから、エンジェル社のリース契約のうち、国有運行会社との契約は英国政府保証付きとみなしてよいでしょう。しかも全リース契約の80%が国有運行会社向けです。このリース債権からのキャッシュフローを証券化すれば、英国が発行する国債並みのトリプルAの債券が発行できることになります。買収資金を早い時期に回収できることも十分期待してよいと思います」

ガイはここまで一気にしゃべってコップの水をおいしそうに一口飲んだ。私もガイやPFGのねらいは、パブの学習効果のせいか、すんなり理解できた。彼の戦術はパブの時と同様に、車両リース料のキャッシュフローに目をつけてお得意の証券化に持ち込もうというものだ。

次は買収資金の額である。最初に自己資金を投下することは、パブで経験ずみであるが、大型案件だけに多額の資金が必要ではなかろうか。引き続きガイに聞いてみた。

「エンジェルが買えた場合、7億ポンド（当時の為替レートで約1200億円）ほど必要になると見込まれます。証券化で早期回収を目指しますが、パブ案件に比べて3倍近い金額ですから野村1社ではまかないきれません。そこで銀行など金融機関に声をかけて、つなぎ融資のためのコンソーシアムを編成するつもりです。野村自身の自己資金はおそらく1億5000万ポンド程度を考えておいてください」

パブの証券化の成功体験があるので、今回は自己資金投入にためらうこともなく、私はガイに対して本件に関するリスクや民営化後の鉄道の収益性などについて徹底的に調査・分析するよう指示した。ガイはパブ案件の時と同じように、大がかりな調査チームを編成した。メンバーは定番の法律や会計事務所をはじめ、ブリティッシュ・レイルの元幹部が主宰する鉄道コンサルタント、車両メンテナンスやリースの専門家、さらに政治コンサルタント、環境問題の専門家などを外部から招き、これにノムラ・インターのリスクマネジメントチームが加わった。

このチームは時間をかけて、民営化後の車両リース収入、新規投資、メンテナンス費用などについて、種々のリスクを勘案しながらエンジェル社のキャッシュフローの安定度を徹底的に調査・分析した。その結果、国営運行会社との契約はもちろん、すでに民営化されている運行会社との、政府保証がつかない契約についてもリース料が契約どおり支払われる確度がきわめて高いことがわかった。また車両のメンテナンス費用をはじめ、諸経費も合理化の余地が大きいと思われた。

私はこの時点で本案件に取り組むことを決定し、まず入札価格をどのようにするか、ガイのチームとの検討を始めた。その結果、車両リース料の証券化によって調達可能と予測される金額にほぼ等しい額を、われわれの入札価格とすることを原則にして、入札への参加を決定した。これは欧州域内での民営化案件に証券化手法を活用した最初の事例となった。調査・分析の結果をふまえて、ほかの応札者より高い価格で入札することができ、前述の野村がリードするコンソーシアムは総額約7億ポンドで首尾よく落札した。95年12月のことであった。

エンジェル社 証券化の仕組み

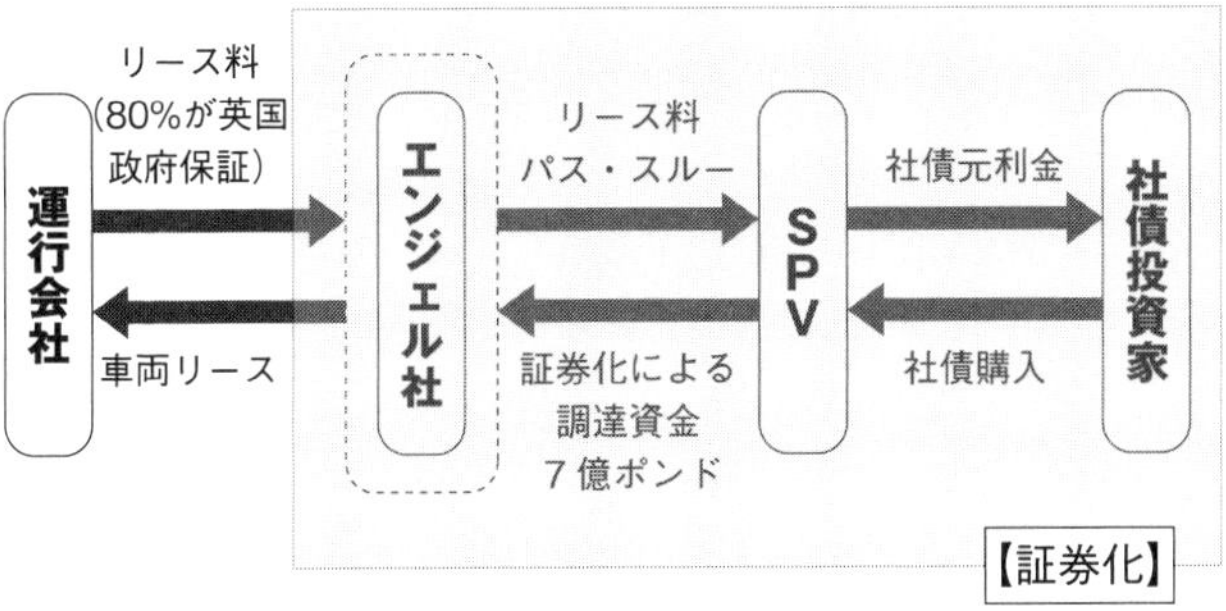

第１回目の証券化は、英国政府への買収代金支払時に合わせて同時進行で行われ、政府保証付きリース債権部分の５億５０００万ポンドを調達した。この資金は主としてコンソーシアムに参加した銀行への返済に充当した。つまりコンソーシアムのメンバーは、結果的にノーリスクで入札に参加したことになる。さらに翌年、96年の３月には残余のリース債権を対象にした第２回目の証券化を実施。残余分は政府保証のついていないリース債権であったが、その後の展開で残余の大部分にも政府保証がつくこととなり、当初の計画より有利な条件で１億５０００万ポンドを調達し、野村の自己資金を回収した。ノムラ・インターは、結果として買収以来、約３カ月でエンジェル社のエクイティ（株

1996年　エンジェル・トレイン民営化記念小旅行
（1列目）山道裕己氏、（2列目）筆者

式）をリスクフリーで保有することになった。

　将来の売却に備えて企業価値を高めることが次の課題であった。旧ブリティッシュ・レイルの企業カルチャーは技術偏重のきらいがあり、これを顧客ニーズを指向した営利会社的カルチャーに変えていく必要があった。そこで、新エンジェル社の経営陣を一新し、企業体質の改革、経営の強化に努めることにした。ノムラ・インターからも数名エンジェル社に出向、英国国鉄時代からの社員と一体になって、オペレーションの効率化、コスト管理など企業価値の向上に努力した。

　閑話休題、新会社発足を記念して、エンジェル社の幹部と列車で日帰りの旅行にでかけたことがある。お祝いだというので、車内では早朝からシャンパンが出て盛り上がった。ところがエンジェル社の人たちはシャンパンにいっさい口をつけない。どうしてかと尋ねたら「列車の運行に直接かかわっていなくても、就業時間中は酒を飲まないのが英国国鉄の伝統だ」という答えが返ってきた。根が単純な私はこういう話を聞くとすぐにうれしくなってしまう。

　エンジェル社の売却についても触れておこう。エンジェル社は鉄道車両関連の企業にでも売却するものと思っていたところ、意外にも金融機関が買い手として登場した。ロイヤル・バンク・オブ・スコットランド、当時、登り坂の銀行である。買収のねらいは節税と聞いた。本来、エンジェル社の受け取るリース収入は、証券化した社債の満期までは社債の投資家に対する元本と利息の支払に充当される。社債の期限は証券化時点でのリース契約の残存期間に合わせてあるので、リース契約がすべて更新されるまではエンジェル社はリース料を収入として計上できず帳簿上は赤字となる。買い手はここに目をつけて、当面の節税効果をねらったようだ。

ともあれ、1997年12月にエンジェル社の全株式をこの銀行に売却。4億5000万ポンド（当時の為替レートで約900億円）の大きな利益をあげることができた。予想外の好条件で売却できたのは、買い手が節税目的であったことからエンジェル社の企業価値を事業目的の買収の場合より高めに評価したためだと思う。

かくして第2号案件は当初の買収から2年弱で大成功裏に完了した。私にとって、2度目のロンドン駐在中、最も印象深く、また誇りに思えるディールとなった。このディールが成功したことは、欧州における野村の証券化・民営化能力の大きな証となり、英国政府との関係強化にも貢献した。

余談だが、95年の入札直前、遅くまで働いているPFGの若い英国人スタッフ数人に「うまく落札できるといいね」と声をかけたところ、即座に答えが返ってきた。「もちろんそうですが、たとえ落札できなくてもこのようなエキサイティングなディールに参加させてもらっただけで十分です。プロとして誇りに思います」。私はこの言葉を忘れられない。「義理と人情」は日本人の専売特許ではなさそうだ。

97年、私がロンドンを去る時には、ガイに頼んでエンジェル社の車両模型を特注してもらい日本に持ち帰った。その模型はいまも自宅のリビングルームに飾ってある。

この章を終える前に、なぜこのような魅力的な案件を野村が落札できたのか、その背景を記しておきたい。もちろん証券化という新しい手法を導入したという戦略的優位性は大きかったが、実はもう一つ情報インテリジェンスにかかわるキーポイントがあった。

当初、政府によって入札が発表された際は関心が非常に高く、125社が入札参加希望を表明した。ところが次の選挙で労働党有利との観測が広がるにつれて、労働党政権は民営化された企業や資産の再国有化を行うのではないか、という懸念が急速に強まった。これを受けて入札参加希望者は激減。実際に入札に参加したのはわずか4社にとどまり、野村以外の3社はすべて事業目的での入札者であった。

労働党による再国有化という政治リスクをどう考えるか、これがエンジェル社買収に関する最大のリスクであったかもしれない。PFGが政治の動向に詳しい外部の専門家を動員して調査したところ、そのようなリスクはきわめて低いと判断したため、野村は予定どおり入札に参加したのである。この政治リスクの評価については、サッチャー政権で大蔵次官を務め86年からノムラ・インターの共同会長となったサー・ダグラスの意見も大変貴重であった。積極的に入札に参加するよう背中を押してくれたと記憶している。

第10章　軍人住宅——英国でいちばんの家主になった

1996年になってPFGの第3号案件が登場した。エンジェルトレインに続く民営化案件で、国防省がイングランドとウェールズ地方に保有する軍人の既婚者用住宅、約5万7000戸を民間に売却するものであった。

売却の仕組みは、まず、国防省が全戸を一括して民間に売却。同時に買い手から大部分の住宅をリースして引き続き軍人の居住用に供する。いわゆる、セール アンド リースバックである。国防省は最低リース料を保証し、定期的にリース料を見直す。また、リース中の住宅の保守・管理は国防省の責任で行う。

さらに国防省は将来25年間にわたり、使わなくなった住宅を買い手に放出するが、契約によって最低放出戸数を保証する。買い手は放出された住宅を改装して民間に売却、あるいは賃貸する。以上のような仕組みである。

PFG案件は、パブ、エンジェルトレインと経験を積んできたので私もかなり慣れてきた。今回もリース料の証券化がキーとなるようだ。とはいうものの油断大敵である。しかも、今回の案件は買収金額が約15億ポンドと見積もられ、これまでになく大きくなりそうであり、ディールの入口から出口までの期間も桁はずれに長くなりそうだ。

早速、住宅の専門家をはじめとする調査チームを発足。この案件の入札に参加すべきか否かについて多角的な調査を行った。

やがて、調査結果が報告され、主に次の三つのポイントを根拠として入札に参加すべしとの判断に至った。

一、住宅リース債権（政府保証）および政府との契約に従って放出される住宅の売却代金は、十分証券化可能であり、買収に必要な当初投資金額の回収に充当できること

二、英国の人口動態、軍事や政治の動向を詳しく分析したところ、国防省は買収時に合意する「最低放出計画」の取決めより早期に住宅放出を行うと予測される。したがって、他の入札者の期待値より多めのキャッシュが、早期に入手可能と予測されること

三、英国の住宅市場を詳細に調査したところ、将来の家賃と住宅価格の値上り率は一般の予測を上回ると考えられること

調査報告のなかで、「へぇ」と思ったことが一つあった。それは「将来、英国の離婚件数がさらに増加するので、一戸建て住宅の需要の拡大が予測される」という

ものであった。離婚件数の増加は想定内であるがマンションやアパートではなく、一戸建て住宅の需要がふえるというのは少し意外に思った。

ノムラ・インターはエンジェルトレインの時と同じように、入札コンソーシアムを編成して入札に臨むことになった。今回のコンソーシアムは金額も大きいので前回より大規模なものであった。96年7月に実施された最終入札には、野村のほか、リーマン・ブラザーズ、モルガン・スタンレー、INGベアリングを中心とした4グループが参加し、野村とリーマンのグループへの絞り込みが決定。その後、細目の精査を経て9月には野村が最終的に買い手として選定され、国防省との間で正式調印に至った。

野村の落札が発表されると同時に、センセーショナルな記事で有名な「タブロイド」と呼ばれる大衆紙が騒ぎだした。「軍人住宅を日本人に売却してよいのか」「すぐに転売してしまうから、軍人は住めなくなるぞ」というものだ。「シンガポールを忘れたか」などと過激なものもあった。また軍人や退役軍人の一部が不満を訴えているという情報もあった。日本的に表現すれば、ノムラハウスの前に「むしろ旗」でも立ちかねない気配である。実は、この点は最初から気にしていたが、デリケートなことだけにガイや彼のスタッフにも話しそびれていた。早速、国防省へ相談をもちかけた。国防大臣は、保守党の実力者のマイケル・ポーティロ氏であったが、不安顔の私たちを前にして「数多くの提案のなかで、英国の国益にいちばん貢献し、実現性が高いと判定したのでノムラを選んだのだ。雑音は気にしなくて大丈夫」と言い切った。大臣の言葉に大いに勇気をもらった。

買収する住宅の受け皿として96年11月に住宅会社を設立した。住宅のオーナーとなり、リース契約の管理や、国防省から放出される住宅の改装や販売を手掛ける会社である。社名はアニントンホームズと命名。この時点で英国最大の居住用不動産のオーナーとなった。パブやエンジェル案件と同様、ノムラ・インターからの出向者が不動産専門のＡＭＥＣ社と連携して業務を執行することになった。

軍人の不安や国防省との関係を考慮して、ガイはこの会社のトップに軍人経験者をスカウトした。ここでガイの話を聞いてみよう。

「アニントン社の会長には、輝かしい軍歴により国民的ヒーローとされた人物を起用することにします。トーマス・マクファーソン氏です。叙勲されていますので、サー・トーマスと呼びます。オックスフォード大学出身で文武両道。在学中ラグビーや陸上競技の有名な選手でした。サー・トーマスは第2次大戦中、将校として軍務に就き、特殊部隊の幹部としてドイツ占領下のフランスへパラシュート降下して地下のレジスタンス活動を指導した経歴の持ち主です。戦後、功績により数々の勲章を贈られています」

サー・トーマスには後日私も会う機会があった。金融機関や事業会社の要職を経て、当時すでに70代の半ばであったが、スリムな体形で年齢を感じさせない精悍《せいかん》な印象を受けた。余談だが、アニントン社設立の記者会見の席で「イタリア軍の捕虜となったのは生涯の恥…」と発言し、広報担当者が慌てる一幕もあった。副会長には英国空軍の基地司令官の経歴があるハンター氏を採用した。まだ50歳を過ぎたばかりで元気いっぱいの人物である。空軍を退役後、住宅協会の会長を勤めた経験があり、一石二鳥の人事であった。ガイが続けていうには「軍人の奥さま対策として、軍歴のある女性をアニントン社の幹部に採用しようと思いましたが、適当な人材がいませんでした」これは本当なのか、ガイ一流のジョークなのかわからない。

ガイはこの案件に限らず、その時々のニーズに適合した人材をまるで手品のように見つけてくる名人である。おそらく、彼の人脈を通じてさまざまな人材情報が入ってくるのだろうが、同時に英国の人材マーケットの奥深さを見せられた思いがした。

買収資金15億ポンド（96年9月末の為替レートで約2600億円）には、政府保証付きリース料の証券化で調達した9億ポンドと、銀行から借り入れた6億ポンドを充当した。さらに、97年末に第2次証券化を実施し、銀行借入れを返済した。これで当初の投資資金を十分回収することになった。パブやエンジェル案件と同様に早期にリスクフリー状態となったが、前の2件と異なるのは、案件の性格上、資産を全部売却できるのはずっと先のことであるという点である。

私は97年春にロンドンから帰国。その後、02年にガイ以下のPFGが独立してテラ・ファーマ社を設立。それ以降、野村は同社にアニントン案件の運用を委託していたが、12年末に当案件の資産をテラ・ファーマ社が運用するファンドに売却した。フィナンシャル・タイムズは「テラ・ファーマの会長であるガイは、英国最大の大家さんの一人となった」と報じている。

資産売却時点で、買収時の5万7000戸のうち、すでに国防省から放出ずみの1万7000戸については順調に売却されていた。96年以来16年間でノムラ・イン

軍人住宅債券化の仕組み

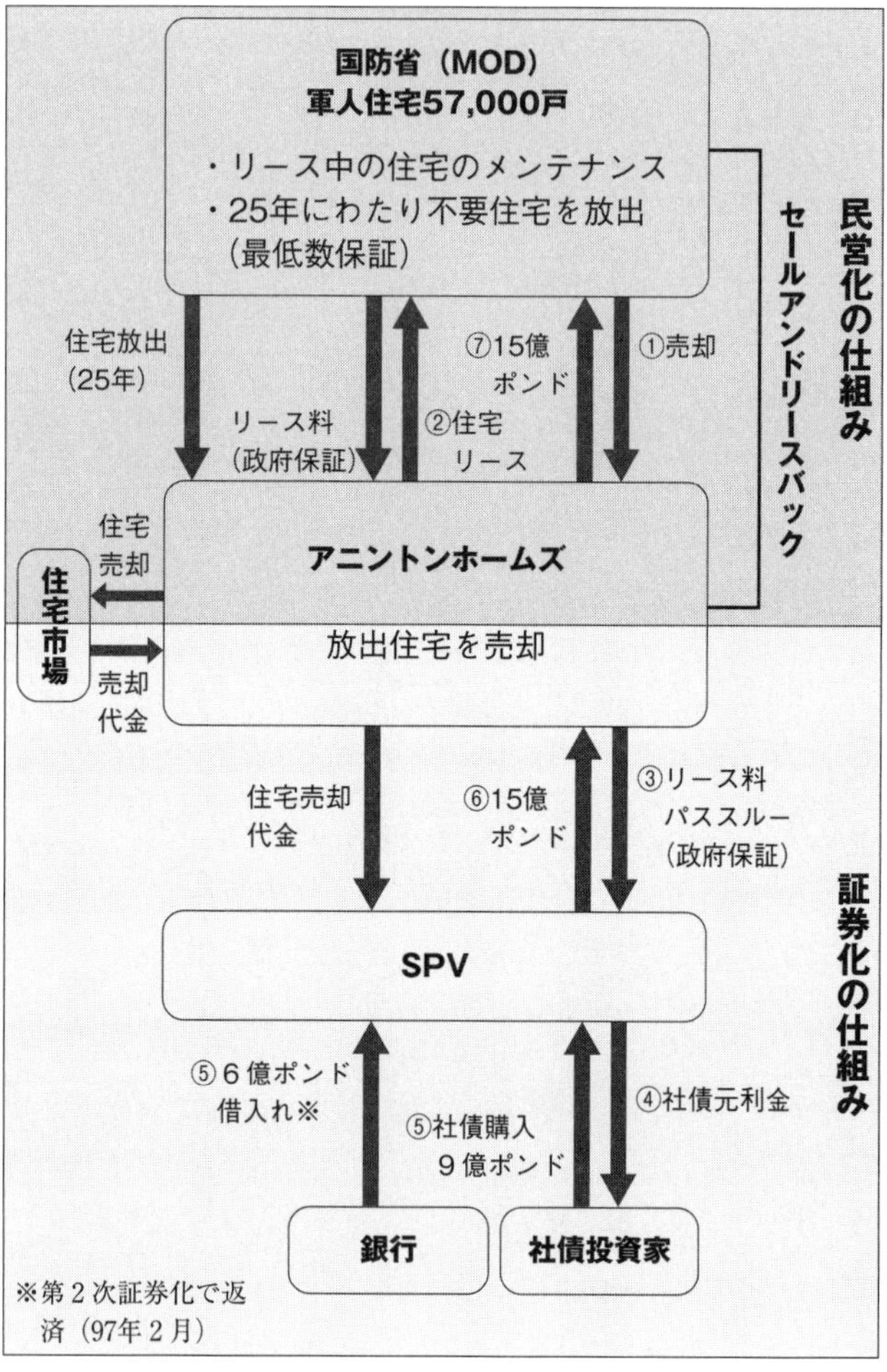

ターにかなりの額の利益をもたらしたはずである。

また余談となるが、アニントン社設立の頃米国の投資顧問会社であるブラックロック社はアニントン社にエクイティ・ワラントのかたちで投資していた。当時、私のブラックロックに関する知識はあやふやであり、米国の投資会社がワラントを購入したという程度の認識であった。ところが、後日、私が野村アセットにいる時にブラックロックと合弁会社を設立し、その縁で02年から10年間もブラックロック社の日本法人に在籍して、同社と深くかかわることになった。ブラックロック社はいまや、世界最大の投資顧問会社だが、アニントンの投資をした90年代半ばはまだ100名足らずの小規模な運用会社であった。野村アセットとの合弁交渉を担当したブラックロック社の幹部であるスー・ワグナー氏が、当時アニントンのワラント購入にかかわったと知り、世間は狭いもの、人の縁は気づかないうちに生まれるものと感じた次第である。

第11章　アセット・トレーディング——仕事も遊びも

ノムラ・インター、ひいては野村の欧州ビジネスの活性化に大いに貢献したガイ・ハンズの活躍ぶりを書いてきたが、ここでもう一人の立役者に触れておきたい。

サイモン・フライ。当時、まだ30歳を少し過ぎたばかりで長身、なかなかのハンサムガイであった。ＣＳＦＢに14年間勤務。ユーロボンドのトレーダー見習いからスタートし、最終的には裁定取引（アービトラージ・トレーディング）部門のヘッドに昇進した。シティでの評価の高い新進気鋭のバンカーであった。サイモンは英語でいうところの「SELF MADE MAN」いわゆる「たたき上げ」だ。15歳で保険会社に就職、ロンドンの山一証券を経て、ＣＳＦＢに入社した経歴の持ち主である。

サイモンは、１９９４年の10月にノムラ・インターに入社。その2カ月後にプリンシパル・ファイナンスのガイ・ハンズも入社している。この二人をノムラ・インターが採用したことは、野村が日本色の濃い証券ブローカーからグローバルな投資銀行へと自らのカルチャーを変えてビジネスや体質の転換を図っていることをマーケットに伝える効果があった。

サイモンは元ＣＳＦＢの裁定取引チームを率いて、94年12月に「アセット・トレーディング」と呼ぶビジネスをノムラ・インターで開始した。聞きなれない用語かもしれないので少し説明しておこう。

アセット・トレーディングは、マーケットでクレジット（信用力）の評価が実態に比べて割安とみられる国や企業などが発行する債券を購入し、マーケットの方向性に関するリスク（金利、株価、為替などの変動）はヘッジしたうえで、クレジットの割安是正がもたらす利益を追求するビジネスである。裁定取引の一形態ともいえよう。サイモンのチームはＪＧＢ（日本国債）や、当時豊富に出回っていた日本企業発行の額面割れの転換社債を利用し、このビジネスを活発に展開していた。

サイモンは収益機会の追求に人一倍どん欲で、なんらかの理由でみすみす目前の機会を逃がすのを大いに嫌がった。経営に対しても積極的に発言。たとえば、野村は単にリーグテーブル上の地位（引受けの実績）を追いかけるのではなく、より質の高い収益を追求すべきだ、と主張するなど経営としても参考になることが多かった。マーケットシェアの拡大ばかりが能ではない、という耳の痛い指摘である。ただ彼の難点はあまりにも早口にしゃべることで、会議後に、「サイモンが盛んに発言していたが、何を議論したのかよく理解できない」と出席者が嘆くこともしばしばであった。これは日本人のみならず、英語の達者な外国人においてもしかりであった。

サイモンは、95年の11月、債券と株式を統合したインターナショナル・マーケット部門の部門長に就任、ノムラ・インターの幹部の一人として活躍した。

仕事をバリバリやる一方、サイモンは質の高いリッチな生活に熱心であった、高級車、ヨット、プライベートジェット、豪邸などを所有した。「彼がお金のかかるライフスタイルを続けている限り、必要資金を稼ぐためにいい仕事をしてくれるはずだから、野村は彼のライフスタイルに感謝すべきだ」という冗談を同僚から聞くほどであった。

サイモンの高級な趣味に関しては、私にも体験談がある。ある日、彼からゴルフの誘いがあった。イングランドの北のほうのゴルフ場へ行くという。車で行くのかと聞いたら、自分のプライベートジェットだという。なるほど、シティの高額所得者は豪勢なものである。当日の朝、シティの飛行場へ集合したら、小型のジェットが飛んできた。普段は別の飛行場に置いてあるらしい。一行4名を乗せて飛び立ったが、間もなくパイロットが一人しか乗っていないのに気がついた。仕事でときどき利用するプライベートジェットでも正副二人乗り込んでいるのが普通だ。飛行中、パイロットに万一体調不良でも起きたらどうするのだろう。いささか不安になってくる。「サイモン、君は操縦できるのか？」と思わず聞いたら「いや、できない」と涼しい顔。往復3時間ほどのフライトだったが、何とも、お尻のあたりが落ち着かない感じであった。

ここでひとつ、ほろ苦い体験談を披露したい。96年の秋、サイモンから次のような提案を受けた。サイモンに例の早口で説明してもらおう。

「イタリアに郵便貯金証書という本来、個人を対象として国が発行する債券があります。リラ建てで、割引債形式です。最近、ユーロ市場で流通しているイタリア国債は、イタリアのユーロ通貨同盟加入を控えて利回りがどんどん低下しています。ところが、郵便貯金証書の金利はイタリア財務当局の見過ごしによって、しばらく前に決めた水準のまま放置されており、最近の市場金利の低下を反映していません。ですから、郵便貯金証書がイタリアのユーロ国債に比べて大幅に割安となっており、絶好のアービトラージ（裁定取引）のチャンスとなっています。かなりの利益も見込めるので、他社より早く大量に買い付けたいのですが」

サイモンは大きな獲物を見つけたハンターのような目をして説明した。私はサイモンにこう答えた。

「非常に魅力的なディールだが、イタリア当局（経済・財務省の財務局）の見過ごしにつけこむようなかたちになるので、当局がどんな反応を示すかが心配だ。イタリア政府は、長い間野村の上得意先であるだけに、慎重にしなければならないと思う。87年にはイタリアのユーロ円債で野村はIFR誌の表彰も受けているぐらいだ。皆の意見も一度聞いたうえで決めたいのでちょっと待ってくれないか」

社内の意見をひとわたり聞いてみたが。肯定的な意見が大勢を占めたので、サイモンに本件を進めるように指示した。（担当店であるミラノ拠点からは慎重な意見が寄せられたことは記しておきたい）さあ、それからがひと騒動であった。

郵便貯金証書を購入するには、金融機関でもイタリア国内の主な郵便局の窓口へ小切手持参で買いに行かなければならない。しかも、取締役会の決議書提出が必要と定められている。夜の10時過ぎ、私の自宅をサイモンの部下3人が決議書をもって私のサインをもらいに訪れた。これからイタリアへ飛んで、明日は手分けして、ローマやミラノの大きな郵便局の窓口で購入するという。こんな遅い時間に飛行機便があるのかと聞いたら、定期便はないのでプライベートジェットを手配したという返事。「ご苦労さん。気をつけて」と彼らを夜の街に送り出した。

買付部隊は翌日合計10億ドル相当（当時の為替レートで約1100億円）の証書を購入した。ほかの投資銀行も同じことをやっており、当時のニューヨーク・タイムズ紙の記事によれば、「10月末に複数の投資銀行が、総額5・6兆リラ（約4200億円）の郵便貯金証書を購入した。これは発行総額の3・5％に相当」と報じている

千載一遇のチャンスに多くの投資銀行が飛びついた。身内の手抜かりとはいえ、メンツを傷つけられたイタリア財務当局の矛先は、証書を購入した投資銀行のほうへ向き始めた。CSFBなど、イタリア当局との関係悪化を避けるため購入を取り消す先がいくつか現れてきた。ノムラ・インターでもどう対処するか議論したが、私は取引のキャンセルはしないと主張し、そのように決定した。トレーダーが提案し、経営が承認した取引を覆すことは、今後のためによろしくないという理由であった。しかし、本音をいえば、このディールのもたらす収益がほしいという目先的な動機もあったことは否定しない。事実、購入した郵便貯金証書はリパッケージ

して11月中に完売。約50億円の利益を計上し、収益的には成功した。しかし、その半面、野村は3年間、イタリア財務当局へ出入禁止という厳しいペナルティーを受けることになった。

私は11月にイタリアへ出張の際、関係修復を図るべくプローディ首相を訪問した。プローディ氏は国営会社IRIの元総裁で私もかねてより面識があった。後に欧州委員会委員長を務めた人である。プローディ首相は「野村の郵便貯金証書購入はまったく合法的な取引だから、これに対してイタリア政府としてとやかくいえないが、財務局の担当官がメンツを失ったので、野村への影響は避けられないと思う。ただし、野村は証券化、民営化でイタリアに貢献できるノウハウをもっているので、当面はこの観点から引き続き貢献を期待する」と励ましてくれた。

イタリア財務当局との関係は、ミラノ拠点が大変苦労して修復に努力した結果、ようやく、99年半ばにユーロ市場でイタリア国債の主幹事に指名され、修復することができた。しかし、この間、テレコム・イタリア（国営電話会社）をはじめとする民営化案件やアドバイザー業務や国債の引受けから完全にシャットアウトされた。

ミラノ拠点で当局との関係修復に主導的役割を果たしたのは、ミラノ店投資銀行業務のヘッドで副拠点長格のクレモナ君であった。彼は、野村とイタリア政府や企業との間に太いパイプを敷いた功労者であるが、この制裁期間中も自分の人脈をフルに活用して、関係修復に尽力してくれた。

当時、野村の欧州での経営体制は、ロンドンに本拠がある商品別の業務ラインと、地域拠点とのマトリックス体制になっていた。案件によっては、両者の利害が対立することもあった。本件はその典型的なケースである。このような場合、欧州経営のトップにいる私が、双方の意見をよく聞いて、トータルな観点から判断すべきであったが、足元の収益を重視するあまり、ミラノ拠点から寄せられた慎重論に対する配慮が不十分であったといえる。もっとも、取引をキャンセルしないという私の決断によって、ノムラ・インターの経営陣に対する社内の信頼は高まったという意見もあったようだ。マトリックス経営はむずかしいものだと痛感した。

第12章　ボーナス談議──生まれ変わったら外資系？

ノムラ・インターを支えた、もう一人の幹部、ニック・アルカビオティスとのエピソードを紹介したい。ニックは1993年にCSFBからノムラ・インターに入社した移籍組。翌年入社したサイモンやガイが推進した現地ビジネス体制を財務部門の責任者としてサポートした男である。情熱家で自分の主張をハッキリいうタイプであったが、同僚の面倒見もよく、存在感のある人物であった。私も頼りにしていた幹部の一人である。

ある日ニックが、トレードマークの濃いあごひげをなでながら私の部屋へやってきた。そして開口一番こう言い出した。

「いま、シティではボーナスシーズンたけなわですが、私は野村に移っていて本当によかったと思います。シティの投資銀行では経営トップがボーナスプール（ボーナス引当金）から、最初に自分のために多額のボーナスをおさえてしまうのが普通ですが、野村は違います。トノムラさんのボーナスはノムラ・インターのボーナスプールの枠外で、本社役員の規定どおりに支払われます。その分、私たちの分け前がふえるというわけです」

ニックは一息ついて、さらに続けた。

「もし、トノムラさんがシティの投資銀行のＣＥＯであれば、最近の順調な業績からみて、今期のボーナスは数百万ポンドになるでしょう」と、少し気の毒そうな顔をした。

たしかに、私たち日本人役職員の月給やボーナスは本社の規定によって支払われ、現地スタッフの報酬体系とは異なっている。シティの法外に高い報酬水準に影響されて、ノムラ・インターの現地スタッフ幹部の報酬が、本社副社長の私よりははるかに高いのも事実である。私はこれをおかしいとか不公平だと思ったことはなかった。それぞれ立場が違うのだから、比べても仕方がないし、むしろ私よりはるかに報酬の高い腕利きを多数採用して、会社の業績をあげるのが自分の仕事だと割り切って考えていた。いま考えると、いささか、「武士は食わねど高楊枝」の感なきにしもあらずだが…。

ニックは半ば冗談のつもりでいったのかもしれないが、このようなことを正面からいわれたことは初めてであった。いまさらどうにもならないことではあるが、多くの「イフ」が重なれば、自分もシティの高給取りになれたかもしれないという、やや複雑な感情が残ったことは事実であった。また、ニックの話を割り引いたとしても、シティの投資銀行がいかに大盤振る舞いをしているのかをあらためて実感させられた。

外資系のなかでも、米系の投資銀行の給与水準が目立って高いのは前々からで、80年前後から、野村からも外資系へ移る人がふえ始めた。一時期は野村が外資系への主要な人材供給源の様相を呈したこともある。私の親しい同僚も米国の大手投資銀行に転職していった。私もその気になればチャンスがあったのかもしれないが、義理と人情に厚い野村を飛び出して、実力本位で勝負するだけの度胸はなかった。もっぱら、仲間同志で、「生まれ変わったら外資系で働きたいね」と冗談をいいあう程度であった。

もっとも97年に不祥事のけじめとして、代表権をもつ副社長・専務クラスが一斉に退任することになった時、複数の外資系から「うちに来ないか」と誘いがあった。それぞれ、魅力のあるオファーであり、初めてかなり心が動いたが、結局、オファーを受けるまでには至らなかった。主な理由は、会社を出る人、残る人を問わず、皆がこれから苦労して野村の信用再生を目指そうという時に、自分だけ抜け出して、いい目をみることはフェアではないと思ったからだ。結局、野村グループの関係会社で定年まで勤めることになった。

もうひとつ外資系に踏み出せなかった理由は英語の問題だと思う。２００２年から、米国の運用会社であるブラックロック社に10年間お世話になった。第一線でバリバリやる役割ではなかったので、外資系の厳しさを身をもって味わう機会は少なかったが、外資系の雰囲気を身近に感じることができた。そこであらためて痛感したのは、ビジネスの能力に加えて、高い英語力が要求されるということであった。若い世代の人たちのなかには、仕事もできるが、外国人の上司や同僚と英語で完璧にコミュニケーションのできる人が多く、まことに頼もしい限りであった。野村時代の私とはだいぶ違う。

62年に留学したコロンビア大学ビジネススクールでは、当初、先生と学生がやりとりしている英語がさっぱり理解できない。自分も討論に参加したいのだが、きっかけすらつかめない。飛び交っている「英語らしき言葉」は私の知っている英語とはまったく違う言語のように聞こえる。それまでは、東京の社内にいる米国人と英語で意思疎通ができていたので、これは大変なショックであった。

その後の海外勤務での体験も含めて思うのだが、米国人や英国人など英語を母国語とする外国人は、日本人と話をする際、相手に自分のいいたいことを理解してもらうことが自分の利益につながる時は、わかりやすい話し方をする。平易な単語を使ってゆっくり話す。たとえば、ぜひ野村とビジネスをしてほしい時や、会社で日本人の上司に何か頼みごとをする場合などである。こちらがいい加減な英語で対応しても、理解しようと努めてくれる。このケースでは、他人から「英語ができるね」といわれても、「本当に英語ができる」という部類にはとても入らない。

一方、自分の利益に関係しない場合は、英語に不慣れな日本人がいようといまいとお構いなしに、自分たちのペースで、スラングもふんだんに使ってしゃべりまくる。ビジネススクールの初日はまさにこれであった。こうした場面で、相手の英語が理解でき、会話にきちんと参加できてはじめて「英語ができる」といえるであろう。日本人がグローバルビジネスの世界で勝負するには、本当の意味で「英語ができる」といわれる人材がふえることが必要である。残念ながら、私の英語はこの域にほど遠かった。

もし、私が若い時に外資系にいったとしても、おそらくどこかで英語の壁にぶつかったと思われる。野村で外国人を率いているのと、外国人主体の外資系で裸一貫で働くのとでは大違いである。外資系では、日本人だからといって甘くしてくれることはない。

したがって、いずれにせよ、私は外資系の高額ボーナスには縁がなかったのだと思う。それにしても、M&Aなどの投資銀行業務や資金運用業務において、日本と欧米の間の給与格差は大きい。こうした状況のもと、優秀な日本の若者が外資系に流れる傾向が加速し、市場における外資系の存在感がさらに高まることも考えられる。日本版ウィンブルドン化現象である。「武士は食わねど…」と達観してはいられないのではなかろうか。

脇道にそれるが、私を複雑な思いにさせたニックは「野村大好き人間」であった。たとえ幹部といえども、海外拠店の現地スタッフには交付されない野村のバッジ（通称ヘトヘトマーク）をほしがってなかなか諦めない。某君が知恵を出した。バッジをニックの部屋に置いたまま「社章紛失届け」を人事部に提出。ニックは大喜びで、毎日、このバッジを着用して出社した。

残念ながら、ニックは２０００年に48歳の若さで急逝した。美食家で太り過ぎがよくなかったのではないかと思う。故郷のギリシャで葬儀が営まれたが、埋葬に先立ってご夫人が、「とても大事にしていたから」と例のバッジを襟元につけてあげたことを聞いた。だからアテネの墓地には「ヘトヘトマーク」をつけたニックが眠っている。お墓参りにいかねばと思いながら、なかなか果たせない。

第13章　東欧ビジネス——大きな歴史のうねり

野村のロンドンにおける現地ビジネスの3本の柱は、プリンシパル・ファイナンスとアセット・トレーディング、そして政治体制の大変化がもたらした東欧圏でのビジネスであった。これまでに紹介したほかの部門と同じように、現地スタッフが主体となって業務を展開した。80年代の初めにノムラ・インターに入社し、東欧チームを率いた山添弘三君とメリルリンチ出身の米国人ランダル・ディラードの2人の活躍に負うところが大きかったことを記しておきたい。山添君は東欧のほか、モロッコや中近東など欧州近辺のエマージング・マーケットでも大活躍した人である。

1991年、ソビエト連邦が崩壊した。それに先立つ89年から90年にかけて、ソビエト連邦の支配下にあった東欧圏の各国では、共産主義から民主主義体制への変化が相次いだ。89年にはポーランド、ハンガリーの民主化に続き、東西冷戦のシンボルであったベルリンの壁が崩壊した。チェコ・スロバキアでは、89年にビロード革命が起き、90年の民主化につながった。また、ソ連邦の構成国であったリトアニア、エストニア、ラトビアのバルト三国が、91年に独立を宣言した

このような体制変化の予兆は、80年代半ばにはすでに著しくなっており、私の1

回目のロンドン勤務の頃、ノムラ・インターは東欧諸国へのアプローチを積極的に始めていた。90年には、当時のチェコ・スロバキアの中央銀行から財務アドバイザーに指名され、中央銀行債の発行など、国際資本市場へのデビューにかかわることができた。

東欧や旧ソ連邦から独立した国々に共通していえることは、まず、疲弊した経済を立て直すために必要となる外貨や流動性の確保であり、次の段階で国営企業の民営化にとりかかるというパターンであった。野村は92年に、チェコ・スロバキアの首都プラハに駐在員事務所を開設。この地域へのアプローチを拡大するための前進基地とした。早期進出の利点もあって、国営タバコ会社、銀行、ビール会社の民営化を手掛けることができた。

事務所開設に先立って、ハベル大統領に表敬する機会があった。本社の田淵義久さんに同行したときである。文人としても著名な大統領が、あふれんばかりの愛国の情を静かに語るのを聞いて、こちらも胸が熱くなった。その際、ハベル氏のそばに気品のある中年の女性が同席していた。どういう人だろうと思っていたところ、会見後、64年の東京オリンピックでの体操の華、チャスラフスカさんと判明した。

民主化前は随分苦労をされたそうだが、当時、社会政策、スポーツ担当の大統領補佐官であった。田淵さんから「知っていたのだろう。どうして会見前に教えないのだ」といわれたが、それは私もいいたいことであった。

93年に分離・独立したスロバキアの中央銀行から、分離前からの縁もあってアドバイザーに指定を受け、ユーロ円債やサムライボンド（海外発行体が日本で発行する円建て債）発行の主幹事を務めた。その際、私もスロバキアの首都、ブラチスラヴァを訪問。若い頃ボクシングの選手であったメチアル首相に「スロバキアの資金調達をよろしく頼む」と大きな手で握手されたのを覚えている

ハンガリーは、70年代に、すでに西側に窓を開けていた国である。国境で入国ビザを簡単に取得することが可能で、この点、ユーゴスラビアを除くほかのソ連圏の国々と比べると異色の国であった。

80年代後半にサムライボンドの発行が始まっていたが、特筆すべきイベントは、ハンガリーがほかの旧ソ連圏諸国に先がけて大々的な民営化プログラムを発表したことであった。山添君の回想によれば、ちょうどその頃オフィスが完成したばかりのノムラ・ハウスへの引越最中だったので、仮オフィスに1カ月半ほどこもって民

営化案件に対するプロポーザル作成に没頭したという。その努力が実って、ダヌービアスホテルグループと医薬品会社のギディオン・リヒターの民営化マンデートの獲得に成功した。

95年の夏には旧バルト三国の一つであるラトビアのユーロ円債40億円を私募形式で発行することに成功。国際市場へのデビューであった。「ラトビアは新体制で国づくりに燃えており、大蔵大臣は30代の女性。米国で生まれ育ち、民主化後に帰国、ネーティブな英語を話すのがとても印象的だった」と投資銀行部門責任者だった山道君は回想している。ラトビアは14年1月に通貨としてユーロを採用している。

話は少し飛ぶが、96年の春に、私は山添君と一緒に田淵さんのお供をしてリトアニアの首都であるビリニュスを訪問した。空港からパトカーの先導つきというVIP待遇の大歓迎を受け、夕食会で、火がつくほどアルコール度の高い地酒がふるまわれた。私が乾杯の発声をしたところ、それを皮切りに乾杯、乾杯の繰り返し。宴会の終わる頃にはすっかり酔いが全身に回ってしまい、どうやって宿舎にたどり着いたか一向に覚えていない。

95年の12月、IFR誌から、エマージング・マーケット・ニューイシュー・ハウス賞をもらった。野村の受賞理由として、IFR誌はブラジルやアルゼンチンの起債に加えて、ラトビアの起債で示された東欧・中欧での投資銀行能力と、新興市場ものの販売力、また、チェコ、スロバキアおよびハンガリーの海外起債で圧倒的な強みを発揮した点を評価している。

95年から2000年にかけて、旧ソ連邦の構成国の銀行による株式の発行があいついで行われた。95年にはリトアニアの最大手銀行、ビリニュス・バンクの株式をGDR（グローバル・デポジタリー・レシート）形式で発行。ノムラ・インターはアドバイザーを務めた。97年初頭にはスロベニアのSKB銀行によるGDR発行の主幹事を務めた。このGDRは欧米の機関投資家に好評で、予定発行額を1000万ドル増額し2500万ドルとした。ほかにエストニアの銀行もこの時期に株式発行をしている。

私がロンドンを去った翌年であるが、98年にポーランドの建設会社（EXBUD）のGDRを5000万ドル、野村主幹事で発行した。その後、スウェーデンの大手建設会社であるSKANSKAからTOBがかかり、野村がそのままEXBUD

1996年　IFR表彰式

1996年　モロッコ外貿銀行訪問（民営化の際）
前列中央　田淵氏、右へ　ベンジャルーン会長、筆者
後列（左端）山添弘三氏、（右端）寺田宗利氏

の財務アドバイザーとしてＳＫＡＮＳＫへの売却を成功させた。

「東欧ビジネス」から少し離れるが、欧州に隣接するエマージング・カントリーにも私たちのビジネスは広がっていった。やはり山添君がリーダーであった。ひとつ例をあげておきたい。モロッコでは国営企業の民営化が始まり、96年1月、モロッコ外国貿易銀行（ＢＭＣＥ）のＧＤＲ６０００万ドルの主幹事を野村が務めた。モロッコで初めての本格的な株式公募ということもあって、大きく報道された。調印式には、東京から田淵さんも出席。先方のベンジャルーン会長に、歴史的な古都のフェズをはじめ、あちらこちらを案内してもらった。細かいことはよく覚えていないが、食いしん坊の私は魚料理が非常においしかったことをいまだに記憶している。

このように、東欧やバルト三国の政治体制の変化という歴史の大きなうねりとめぐりあい、いくつかの画期的なビジネスを行う機会を得た。

第14章　終わりに——期待を込めて

2回目のロンドン勤務は1997年の春に終わった。誠に遺憾なことであったが、野村は総会屋がらみの不祥事を受けて社長が退陣、代表権をもつ副社長および専務が、けじめをつけるため一斉に退任し、氏家純一社長以下の新経営陣に後を任せることになった。個人的には、ロンドンでやり残した仕事がまだまだ多く去りがたい気持ちもあった。また、一斉退任はいさぎよいと思われるかもしれないが、一方で株主に対しては無責任ではあるまいか、と意見具申したが、野村の新生のためにはほかの選択肢はなかった。外国人の幹部の間では、本社の副社長を退いても、ノムラ・インターのCEOとして残ってほしいという声もあったと聞いた。彼等の気持はうれしいができないことであった。

振り返ってみると私の長い野村生活のなかで、この2年間ほど緊張し、充実した時期はなかったと思う。欧米勢に対抗できる投資銀行を構築する、という目標を立てて始めたが、経験の浅い未知の業務が中心であったため、「大丈夫かなあ」とひやひやしながら、柄にもなく神様や仏様に祈る気持ちになったこともしばしばであった。幸い、人の利、時の利に恵まれて予想以上の成果を収めることができた。証券マン冥利《みょうり》に尽きる2年間であったといえよう。もう少し時間が与えられれば、ノムラ・インターをグローバル野村の第二本社として位置づけたかった。これは「欲」というものだろうが。

プリンシパル・ファイナンスや引受けなどの大型案件で、欧米の投資銀行と正面から勝負するときの緊張感はきわめてエキサイティングであり、ゾクゾクするような体験であった。もし私が20歳ほど若返ることができたなら、またやってみたいと思っている。私の体験したあの熱かった日々を、若い世代の皆さんにもぜひ味わってもらいたいと願うばかりである

最後にこれからのわが国証券界の方向について、私の意見を述べたいと思う。

いうまでもなく日本経済は成熟期に入り、過去に経験したような高度成長は期待できない。残念なことであるが、日本の株式市場は外国人が主導権を握ってルールを決める「ジュードー」のような存在になりかけている。加えて、少子高齢化現象が着実に進行している。このような状況下では、証券ビジネスも国内市場だけに頼っていては、成長はむずかしいといえよう。企業も投資家も海外への投資機会を求める傾向が顕著になっている。したがって、今後ともグローバル化は証券ビジネスにとって必然の成り行きであり、国内および海外にバランスのとれた事業ポート

フォリオの構築が必要となろう。

近年、大手証券会社を中心に国内回帰現象が目立っている。これは数年前のリーマン・ブラザーズ破綻を契機とした海外市場環境の悪化に伴う、一時的なリスク回避の手段としては仕方がないにしても、こうした現象が長期に定着すると、証券ビジネスは成長どころか先細りになりかねない。やはりグローバルマーケットへの目配りが欠かせないと思う。

グローバル体制にはいろいろなパターンがあるが、主流になっているのは、本社と海外を部門別業務ラインで結び一体化する米国型である。このパターンのメリットは、部門別に統一した戦略のもと、個々ではなく、部門全体の損益を考慮して業務を執行できることである。逆にデメリットとしては、地域の実情を遠方の本社にいる部門長が十分把握できないので、ローカルマーケットでの商機を逃がしたり、実情に反する指令を出してしまったりすることである。

私はグローバル展開については、必ずしも米国型をそのままコピーする必要はないと考えている。提案したいのは部門別の業務ラインで本社と各地域を結んだうえで、私の2回目のロンドン時代のように、地域特性にあわせたビジネスも展開する方式である。「グローバル」と「ローカル」のハイブリッド型で「グローカル」と呼ぶのが適切かと思う。

この体制では、海外の拠点長（支店長あるいは現地法人の責任者）の役割が非常に重要となる。米国型のグローバル体制では、収益に対する責任はそれぞれの部門別ラインの部門長が担っており、拠点長は「かやの外」に置かれている。したがって拠点長は本来、地域の代表者でもあるにかかわらず、地域の収益は他人任せとなり、言葉を選ばずにいえば「飾り物」のような存在となりかねない。これについて、私はかねがね実情に照らして、違和感を抱いている。

しかし「グローカル」体制における拠点長の役割は一変する。まず担当する地域については、各部門長と並んで収益への責任をもつ。当然、地域の実情について部門長に進言するし、部門長の指示が地域の利益にそぐわないことがあれば、もの申すことになる。従来も部門別ラインと地域の「マトリックス経営」を行っていたが、両者の利害が対立した時には往々にしてラインの優位性が目立つ。私の主張する「グローカル体制」では、地域（拠点長）の発言力をもっと高めることが実情に適するのではないかと考えている。

さらに地域の「ローカル・ビジネス」については、グローバル体制も活用しながら、拠点長がビジネス推進の責任をもつことになる。もうひとつ拠点長の重要な役割は、地域の主要顧客に対するリレーションシップ・マネジメントである。この役割自体は目新しいものではない。しかし、今後、一連の金融規制が課されるなか、自己資金を投じるハイリスク・ハイリターンのビジネスではなく、地道な対顧客ビジネスの重要性が一段と増してくることからその分、拠点長の活躍する機会もふえてくることになろう。

ところで、最近「アジアを軸としたグローバル体制」という言葉をあちらこちらで耳にすることが多いが、その点について私の意見を述べておきたい。証券ビジネスに関する限り、アジアは市場規模がまだまだ小さく、アジアにだけ軸を置いてはグローバル・ビジネスが完結するとは考えにくい。証券ビジネスのグローバル化には、やはり、市場規模や資金量の大きいニューヨークやロンドンにしっかりしたベースをもつことが必要不可欠だ。それがあってこそ、アジアでも世界のグローバル・プレーヤーと伍《ご》していくことが可能になると思う。一方、今後とも高い成長が期待できるアジア地域には、証券業務においてもさまざまなローカル・ビジネスのチャンスが存在するのだから、日本勢も積極的に機会をとらえてアジア各国でのビジネスを推進すべきだと思う。

ここで私の古巣である野村について若干触れてみたい。２００８年の秋に、リーマンが破綻した際、野村はリーマンの欧州およびアジア地域の人員を大量に採用し、事実上、その地域におけるリーマンの事業を承継した。この動きは、かねてよりトップクラスのグローバルハウスを志向している野村にとって、目的達成のためのショートカット（近道）であると前向きに評価し、外野席からではあるが熱いエールを送っていた。私のロンドン時代、現地法人であるノムラ・インターで採用した外国人スタッフは、いくら有能で高給取りであっても「本社採用」とは異なる、「現地採用」というステータスであり、彼らと東京の本社の間には「見えざる壁」があった。この壁が直接・間接的に本社と外国人社員の一体感を阻害していたことは否めない。リーマンの承継はこの壁を一挙に取り去ったのである。私はこの点を高く評価した。これでかつてのガイ・ハンズのような人材を必要に応じて採用しやすくなるであろう。私の時代にしたかったが、当時はできなかった。それを現役の経営陣が実現したことがうらやましかった。

リーマンの承継は、当初、野村では手の届かなかった顧客やビジネスの増大など、一定の効果があるようにみえたが、欧州の長引く金融不安による収入減、大量採用による人件費の高騰などがネックとなり、実を結ぶ前に戦略の修正を余儀なくされた。外野席の私設応援団として誠に残念なことであった。

収益面では期待に反したが、リーマンの承継によって野村が得たものは大きいと思う。特記したいのは、世界の証券界でグローバルハウスとしての野村が一段格上げして評価されるようになったことである。たとえていえば、高校生にみられていたのが、大学生として扱ってもらえるようになったのだ。この格上げ効果は特に人材採用面で大きいようだ。リーマンから採用した人材の移り変わりはあったが、従来ならとても野村にきてくれなかった優秀な人材を獲得できるようになっているようだ。野村はリーマンで得た多くの経験を今後のグローバル経営にどのように生かしていくのか楽しみにしている。

リーマン破綻がもたらした金融危機の影響で欧米の金融機関が危機にひんした際、各国の政府は多額の税金を投入して救済せざるをえなかった。将来、このような事態の再来を避けるための予防措置として、金融機関の業務に対する厳しい規制が課されることになる。いうなれば「大きすぎてつぶせない」という既成概念の否定である。米国では「ドッド・フランク法」がいわゆるボルカー・ルールを中心に策定され、銀行による自己トレーディング、ヘッジファンドやプライベート・エクイティ・ファンドへの投資がほぼ全面的に規制される。さらにデリバティブ業務の別会社化が義務づけられる。英国やスイスにおいても同じ趣旨の規制が施行されることになる。

このような業務規制によって、投資銀行の従来の得意技が大きく制限されることになり、収益性にかなりの影響が出るものと思われる。ただ、規制の対象となる業務は従来日本の証券会社の得意な業務ではないので、日本勢への影響は相対的に軽微なものと考えられる。むしろ、欧米勢がこれらの業務を縮小したり撤退したりすることで、周回遅れの日本勢としては差を縮めるチャンスになる、と前向きに受け止めたい。また世界に打って出るタイミングが到来している、と私は思う。

この本の冒頭で、私の入社時に野村證券の会長であった奥村綱雄さんに触れた。奥村さんは入社後間もなく、創業者である野村徳七翁の言葉に大いに感銘を受け、後日、師匠と仰ぐ翁の志を、国際的なフィナンシャーとなり、実現する。そして、次の世代の人たちには「新しい旗印を掲げて、新しい時代の課題に挑戦してほしい」と申し送っている。

私も、あとに続くジェネレーションの人たちにこの奥村さんの言葉をそっくりそのまま、私のメッセージとして贈りたい。私自身もそれなりの旗印を掲げてきたつもりであるが、旗もだいぶ古び、ほころびも目立つようになってきた。どうか皆さんは新しい旗を高々とひるがえして、21世紀の課題にチャレンジしてほしい。ロンドンにおける、私のフィナンシャーとしての冒険記が、いい意味での火種となって、若い人たちが世界的なフィナンシャーを志すようになってくれることを切に願っている。私の体験談が、そのために少しでも参考になれば、望外の喜びである。

（寄　稿）

外村さんとの2年間

「My word is my bond」。外村さんの声が部屋に響いた。品のよい調度品に囲まれた静かな部屋で、二人の男がにこやかに握手した。ところはニューヨークのlower Manhattanにあるゴールドマン・サックス本社ビルCEO室。外村さんと私は、当時ゴールドマンの共同CEOの一人であったジョン・コーザイン氏と向かい合っていた。

ＰＦＧヘッドのガイ・ハンズはゴールドマン出身だったので、野村に転職後も、買収ストラクチャーや買収ファイナンスに関しては、野村チームに加えてゴールドマンのアドバイスを参考にすることがよくあった。ときには最終的なファイナンスが完了するまでのつなぎ融資（ブリッジ・ファイナンス）の提供を、野村が設立した買収目的会社で受けたこともあった。

今回のミーティングは、所用でニューヨーク入りする外村さんと私に対して、ガイが要請したものだった。彼は「ある買収案件でゴールドマンに対してブリッジの提供を依頼しているが、かなり大きな額なので社内がまとまらないらしい。コーザイン氏とミーティングしてコミットメントをとってほしい」といった。

ゴールドマン時代にコーザイン氏の直属の部下だったガイは、直接ミーティングに持ち込めばコーザイン氏はＯＫするとふんでいたようである。このあたりの読みの的確さもこの男の真骨頂であった。

当時のゴールドマンは、まだパートナーシップの会社で、拡大する業容のもと、常に資本（キャピタル）不足に悩まされていた。したがって、確たるリターン（利益）が望めない案件に多額のキャピタルを費やすと、もっとリターンの見込める他の案件を諦めることになりかねない。コーザイン氏も真剣だった。

「本件から派生する債券や株式の引受案件に、ゴールドマンを野村の共同主幹事として指名すると確約してほしい」とコーザイン氏。

「まだ見ぬ案件の幹事関係を確約するのはむずかしいが、そうなるように最大限の努力をすることはコミットする」と外村さん。

コーザイン氏は、暫し黙考した後、「そのコミットメントを保証するものが何もない」とコメントした。冒頭の「My word is my bond」は、コーザイン氏のコメントに対する外村さんの返答だ。もともとロンドン金融街シティの株式仲買人の間でモットーとされた言葉だった。「自分の発言は契約書と同じ拘束力をもつ」。あの緊迫した場面で、即座に言葉を返した外村さんに対して、債券トレーダー出身で自身も同様の世界に生きてきたコーザイン氏は、"Done!" といってにこやかな笑みを返してきた。

外村さんの直属の部下として過ごしたロンドンでの2年間に思いをはせると、不思議と、このような一場面、一場面が一幅の絵画のように脳裏に浮かぶ。

私は外村さんの「2回目のロンドン」と時を同じくしてロンドンに駐在していた。ニューヨークしか駐在経験のなかった私にとって初めてのロンドン駐在だった。日本のバブルが崩壊して日本関連ビジネスが激減し、新しい海外現地法人のビジネスモデルを模索していたときでもあった。このときの事をいま振り返ってみると、まさしく「天の時、地の利、人の和」の三拍子そろった絶妙なタイミングに外村さんというリーダーがロンドンに赴任していたと感じる。

「天の時」。本文中にもあるが、当時イギリス政府はサッチャー前首相の敷いた「小さな政府」路線をひた走っており、政府保有資産の売却を容易にするために、それら資産から生まれるキャッシュフローを政府保証にすることがしばしばあった。イギリス政府の信用力を使って証券化できるわけで、ガイ・ハンズのPFGビジネスにとっては絶好のタイミングであった。また、80年代に日本企業がユーロ市場で大量に発行した転換社債は、日本株の不人気もあって理論価格から大きく乖離した安値で取引されており、サイモン・フライのアセット・トレーディング・ビジネスの格好の材料であった。

「地の利」。外村さんという本社の代表取締役副社長が、案件の集中するロンドンで決済することができたことだ。一刻を争う判断を求められる競争入札において、時差のない場所で最終決断を下せるメリットは計り知れない。いちいち東京本社の判断を仰いでいたら、結論を得るのに平気で数日を費やしてしまい、時機を失していた可能性が高い。

「人の和」。当時の野村はヨーロッパ全体で1800人前後のスタッフを擁していたと思うが、日本からの派遣社員はその5％にも満たない70～80人程度であった。能力も実績もある現地人スタッフが、人・物・金という経営資源をめぐって野村ヨーロッパ内部で熾烈な争奪戦を繰り広げるなか、これら日本人スタッフは、さまざまな分野（日が当たる場所だけではなく裏方の仕事も含めて）に一丸となって取り組み、最適な経営判断を下す際のサポートに力を発揮した。

外村さんは、この2年間を「自分にとっては知的冒険だった」と総括された。私にとっては、人並み外れて知的好奇心が強い上司と未知なるものに挑戦し、いくつかの貴重な成功体験を得ることのできた、かけがいのない2年間だった。

山道　裕己

〝リスクテーカー〟

「パブの証券化なんて、誰が考えたんだ？　価値があるようにみえないものから価値を生み出すなんて！」。この証券化ビジネスの新聞記事を読んだとき、私は、とてつもない発想に驚きを感じた。証券化はキャッシュフローが生まれるものなら何にでも適用する魔法のつえだ。すごいことを考える人が世の中にはいるものだ。

これは、まだ私が野村総合研究所の新人だった頃の話である。外村さんは、ジャパンマネーが世界中の憧れになっていた頃の、いや、むしろうまく動きすぎて外国からねたみをもってみられていた頃の、そして、ヘトヘトマーク（野村の社章のマークがそうみえることとヘトヘトになるまで働くことをかけて）のすごさが際立っていた頃の、野村の一時代を築いた立役者である。私は、そんなすごい人と縁あって、その後も長く付き合わせていただいている。

考えてみれば、そんなすごい人に、すごいことをいってしまったものである。ただ、誤解されないためにいっておくが、「本を書け」と一方的に迫ったわけではない。外村さんが大病をなさって、そして幸運にも復帰してくださったときに、「外村さんが築いてきた時代や、その時の野村證券はかっこよかった。でも、その頃のことを若い人があまり知らないのは残念ですよね」と申し上げたのである。

その時に、外村さんが「そうなんだよ。残念だよな」とおっしゃったので、「(不謹慎ながらも) また病気にならないとは限らないので、本でも書かれたほうがよいですね」と、ちょっといってみたのである。

そうはいうものの野村にお世話になった私としては、世界で輝いていた野村を若い人が知らないことを苦々しく思っていたわけであり、「外村さんのような人こそ、彼らにメッセージを伝えるべきだ」と心のどこかで思っていたのも事実である。

外村さんは大変なリスクテーカーで、びっくりするようなプロジェクトをこなしてきたが、でも、堅物ではない。たとえれば和洋折衷の人である。おとこ気のある決断力や、縁やゆかりを大事にするところは、まさに〝和〟の代表のような部分だが、経済合理性が高いとみるや因習やしきたりを無視して実利をとりに行くところなどは、まさに〝洋〟の最たる部分だ。それぞれのいいところをうまくミックスして外村さんという人物ができあがっている。これにはいつも感心させられっぱなしである。非の打ち所がないが、人に何でも考えを押しつけたりもしない。「俺はこう思うんだよ」と、なんとなく意見を導く感じ。まさにひょうひょうとした感じのお人柄なのである。

好奇心もとどまるところを知らない。口では「年寄りになったらあかん」などといっておられるが、それは通り一遍の時候のあいさつと同じくらいのもので、頭では全然そう思っていないことがわかる。お目にかかるたびに「俳句をはじめてね」とか、「旅行にいったらさあ」とか、エンジョイしきりである。そしてかばんの横ポケットには、ごひいきの中日ドラゴンズの戦いぶりをチェックするためのスポーツ紙を欠かさない。

外村さんという人に、この本を読んであらためて尊敬の念を抱く一方で、私の思ったとおりの人であったと意を強くしている。時代をつくったリスクテーカーは、歴戦のつわものでありながら、ひょうひょうとしており、好奇心旺盛で、おちゃめな人でもあるのだ。

中空　麻奈

あとがき

野村入社までのいきさつと入社直後のことや海外留学について書いておきたい。

私は1938年（昭和13年）に名古屋で生まれた。父は小さな毛織工場を経営していたが、戦争の激化とともに工場を整理して、出身地である滋賀県に一家で転居。そこで終戦を迎えた。父が間もなく早世したので、トヨタ自動車に入社していた17歳年上の兄の世話になり、愛知県の挙母町《ころも》（現在の豊田市）へ移住した。私はその頃から知らない土地で広い世界を体験したいという志向が強く、家を離れて遠方の大学へ行きたかったが、兄にあまり無理もいえず地元の名古屋大学の経済学部に入学した。なにか自分の実力をフルに試さないままに終わったような気分で、不完全燃焼感が残った。

お恥ずかしい話、大学ではあまりほめられた学生ではなかった。私には物事が自分の思うとおりに運ばないと、与えられた条件のなかでベストを尽くさずに、現実に背を向けて手抜きをしてしまう性癖がある。悪いくせである。大学時代がそうであった。学部へ進む3年生あたりから、ほとんど講義に出なくなってしまった。同級生の多くは考え方が堅実で、将来の進路も安定志向が強く、銀行や地元の大企業が一番人気であった。そのようなことも当時の私は気に入らない。ますます教室が遠くなり、最後にはゼミナールまでサボるようになってしまった。

自分の将来については「安定第一主義ではなく冒険がしてみたい。平凡な会社勤めは嫌だ」という気持ちがますます強くなり、外報関係の新聞記者になりたいと思い込むようになっていた。4年生になって就職の季節となり、仲間は試験や面接を受けて次々に就職先を決めていくが、私は意気込みばかりで、地についた準備は何もしていなかった。秋になってようやく腰を上げかけたら、新聞社の入社試験を受けるにも学校の成績がそこそこよくなければ無理とわかった。しかし時すでに遅し。こうなったら留年も仕方がないと覚悟した。

その頃、ゼミの先生である塩野谷九十九教授から野村證券の面接を受けてみないかと声をかけていただいた。見るに見かねてのことだと思う。また、1年前に野村へ入社して調査部に勤務している先輩から、「野村の調査部はいいぞ。新聞記者みたいなものだ。会社回りをしてレポートを書けばいいのだから…」といわれ、ついその気になって上京し、日本橋のたもとにある野村の本社で面接を受けた。専務クラスの役員数名による面接と記憶するが、あまりむずかしい質問もなく、短時間で終わった。そして翌日には採用内定の通知が届いた。

就職は一応決まったものの、それからが大苦戦。必要な単位はすでに取得ずみで、あとは卒業論文だけという余裕のある学生が多いなか、私はほとんど学校へ出ていなかったので、卒業に必要な単位がたくさん残っていた。友人のノートを借りて、期末試験をなんとか切り抜けたが、統計学だけはどうにもならない。簡単な計算問題のようであったが、まったく勉強していないから見当もつかない。これで卒業もダメかと観念したが、同じように不合格になった学生たち数名が統計学の先生の自宅へ押しかけて、なんとかしてほしいと泣きついた。結局、先生も根負けして全員合格となり、私もついでに卒業することになった。ただし、卒業の日付は卒業式より1週間遅れであった。

このように誠にさえない経済学部の学生であったが、課外活動の陸上競技部には打ち込んだ。これも一種の現実逃避といわれればそれまでだが、陸上競技部には学部も異なるいろいろなタイプの学生がいて刺激になった。おかげで、教室は素通りしてグラウンドへ行く日が多くなった。選手としてはみるべき成果もなかったが、学生陸上競技連盟の幹事長を務め、インターカレッジや学生駅伝の開催・運営に没頭した。いまでもOBとして後輩の応援に熱をあげている。後輩の鈴木亜由子さんが社会人となり、日本の女子長距離界を代表するランナーのひとりとして活躍しているのは大変うれしいことである。

ずっと後のことであるが、私が野村の役員の頃、名古屋の大企業の社長をしていた同級生から「君とは経済学部の同期ということで親しくしているが、学校ではあまり見かけなかったね」といわれたことがある。痛いところを突かれた。私は「名古屋大学陸上競技部出身だから」とかわしておいた。

60年の春、野村證券に入社。私が野村について持ち合わせていた知識はきわめて限られており、将来会社生活の大半を過ごすことになる海外部門があるとは思いもよらないことであった。入社前に配属先の志望調査があったので、「調査部」としておいた。入社式で一人ずつ起立して配属先を申し渡される。私の配属先は「本店営業部」。「調査部」志望はいっさい無視されたようである。

新入社員研修も終わり、本店営業部で新米営業マンとしての勤務が始まった。ところが1カ月ほどたった頃、また迷いが出てしまった。毎日会社へ行って営業の見習いをしているが、どうもこれは本来自分のやりたいことと違うのではないかと考えだした。例の「新聞記者になりたい病」の再発である。次第にその思いが強くなり、素知らぬ顔で出社して給料をもらうこと自体、会社をだましているのでは…と思い込んでしまった。結局、人事部長宛てに辞表を書き、社章と一緒に郵送して、独身寮から行方をくらましてしまった。

2、3日後阿佐ケ谷に住む叔父を訪ねた。叔父は家業の繊維問屋を継ぐべきところ、小説家の道を選んだ人だから、私の考えを理解してくれるのではないかと考えたからだ。しかし期待に反して、「証券会社に入ったからには日本一の営業マンになれ」と一喝された。さらに兄やほかの親戚にも説得され、辞表提出から1週間ほどで、野村の高い敷居をまたぐこととなった。

本店営業部の次長であった小畑幸雄さん（後に副社長から野村不動産社長）は、たったひとこと「お前、ばかだなあ」といったきり何もなかったような顔をしている。社内の他の部署からもおとがめらしいことはいっさいなかった。私はこの時、自分のこれまでの甘さと非常識さを痛感し、同時に野村のふところの深さを実感させられた。これ以来、つかえがとれたように「なりたい病」は封印し、開き直って野村で仕事をしようという気持ちに切り替えることができた。

翌年の夏、名古屋駅前支店へ転勤になり、私はここで後藤光男さんという先輩にめぐりあった。後藤さんは2年先輩だが営業の達人で、すでに支店の中核的な存在であり、若手社員の兄貴分でもあった。秋に、入社2年目の社員を対象として、社費海外留学生を選抜するというニュースが聞こえてきた。野村は前年から海外留学生制度を始めており、欧米のビジネススクールへ社員を留学させていた。

どうせ、支店で営業をしている自分には関係のない話だと思っていたら、後藤さんが「お前、試験を受けろ」と言い出した。さらに「去年、ハワイに支店が開設された時、駅前支店の同期生が赴任したがうらやましかった。この試験も自分が受けたいぐらいだ。しかしそうもいかない。代わりに君が試験を受けてこい」と半ば命令口調で口説かれた。ドンと背中を押され試験を受けたところ、なんと合格してしまった。多分ビリに近いほうだと思う。人事部から「とりあえず合格としたが、早急に英語力を高めること。さもないと留学取消しもある」と脅された。

留学準備のため、62年早々、本社の外国部へ異動。短い期間であったが、中身の濃い「エキマエ」生活であった。後藤さんに出会ったことが、その後の野村生活の方向を決めたといっても過言ではないと思う。

留学先はコロンビア大学のビジネススクールと決まり、62年の9月にニューヨークへ出発。間もなく新学期が始まった。初めての海外生活では、みるもの、聞くものすべてが目新しく誘惑に満ちていたが、今度は遊んでいるわけにはいかない。会社が学費や生活費を出したのだ。２年間でＭＢＡの学位を取得しなければならない。「落第しました」ではすまされない。英語で苦戦しながら、宿題に追われ毎夜遅くまで大学の図書館で過ごした。本当にこの２年間は猛勉強をした。サボりまくった日本での大学時代とは大違いである。

おかげで、64年の６月には無事ＭＢＡコースを修了することができた。何しろ私は日本の大学でやるべきことをやっていなかったので、もし、留学の機会がなかったら、企業会計の初歩も理解しないままでいたかもしれない。日本で大苦戦した統計もやってみれば大変おもしろい。ビジネススクールに大感謝である。

私は64年の夏に帰国。その後35年間、本社や海外で国際ビジネスにかかわることになる。４年前の入社時には思ってもいなかった展開であった。

人生の方向はいくつかの偶然の積み重ねで決まるというが、自分のたどってきた道を振り返るとまったくそのとおりだと思う。ゼミの教授に野村を紹介され面接を受けたこと、駅前支店で後藤さんに出会ったこと、そして、留学から帰国した頃から海外業務が急速に拡大したことなど、どれが欠けても、私の人生は大きく変わっていたのではなかろうか。

さて、「前書きにかえて」で触れたとおり、私がこの本を書くことになったのは、BNPパリバ証券株式会社の中空麻奈さんの「強いお勧め」がきっかけである。すでにいくつかの著書を出している中空さんには、本の構成や何をポイントにするのかなどについて、数々の助言をもらった。なにしろ、まとまった本を書くのは、私にとって初めてのことだから、彼女の道案内がなければ途方に暮れていたものと思われる。また、挿入した図表の作成も中空さんに全面的にお願いした。さらに会合の場所の提供など、いろいろお世話になった。お礼申し上げる。

海外で一緒に仕事をした野村證券の同僚の皆さんには、今回も大変なご協力をいただいた。ロンドン時代の体験を書くにしても、20~30年も前のことだから細かいことは覚えていない。しかも、加齢にはあらがえず、前後関係があやふやになっている。一杯やって昔話に気炎をあげるのであれば、アバウトな話でもよかろうが、本にして世間に発表するとなれば正確を期さねばならない。なにか特定の話題について書くときは、これぞという人にお願いしたり、何人かで集まってもらったりして話を聞かせていただいた。「トノさんも、いまごろ昔のことをほじくりだすなんてもの好きだ」と思われたかもしれないが、古いよしみで全面的に協力していただいた。特に2回目のロンドン時代のことは、投資銀行部門の責任者であった山道裕己君や、欧州経営企画担当の村木修司君の協力に負うところが大であった。そのほか大勢の方々のお世話になった。全員のお名前は出せないが、この機会に厚く御礼申し上げたい。

また、同時期に一緒に仕事をした外国人の同僚からも温かい励ましと協力を得ることができた。かつてノムラ・インターナショナルの共同会長であったサー・ダグラス・ワスをはじめ、ガイ・ハンズ、デービッド・ファラントなどの面々である。うれしかったのは、97年にロンドンを離れて以来、交流が途絶えていた当時の仲間のひとりである山添弘三君と久しぶりに連絡がとれ、貴重なアドバイスを受けることができたことである。

きんざいの石川和宏さんには、編集者として、素人ライターの私に辛抱強くお付き合いいただき大変感謝している。私などがこの種の本を書くと、つい「私の履歴書」風になりがちだが、「読者は話の内容に興味をもてば、筆者にも関心をいだくので、まずは内容をおもしろくすることが先決、自分自身の歴史などは後回し」とアドバイスされた。まことにそのとおり。目からウロコが落ちる気分であった。アドバイスどおりに書けたかどうか自信はないが。

70代の半ばを過ぎて、慣れないワープロ打ちはけっこう疲れる作業であった。しかし、どうやら本らしきものができて、ホッとしている。記述内容の正確性には十分配慮したつもりではあるが、私の思い込みや不勉強により事実と異なる点があるかもしれない。その際は、なにとぞご寛容いただきたい。

2014年11月

外村　仁

(筆者プロフィール)

外村　仁（とのむら・ひとし）
1938年名古屋市生まれ。名古屋大学経済学部卒業。60年野村證券株式会社に入社。62年コロンビア大学ビジネススクール留学。64年MBA取得。84年野村證券株式会社 取締役兼ノムラ・インターナショナル・リミテッド 社長。87年野村證券株式会社 常務取締役兼ノムラ・インターナショナル・リミテッド 会長。93年野村證券株式会社 取締役副社長。95年欧州駐在（ロンドン）。97年６月、野村證券投資信託委託株式会社 取締役社長。97年10月、野村アセット・マネジメント投信株式会社 取締役会長。98年６月、社団法人証券投資信託協会会長。98年10月、野村アセット・マネジメント投信株式会社 取締役会長兼社長。2002年ブラックロック・ジャパン株式会社 常任顧問。06年同社 取締役副会長。12年同社 退任。

野村證券　グローバルハウスの火種

平成27年１月22日　第１刷発行
平成27年８月18日　第３刷発行

著　　　者　外村　　仁
発　行　者　加藤　一浩
印　刷　所　三松堂印刷株式会社

〒160-8520　東京都新宿区南元町19
発行所・販売　**株式会社 きんざい**
編 集 部　TEL 03(3355)1770　FAX 03(3357)7416
販売受付　TEL 03(3358)2891　FAX 03(3358)0037
URL http://www.kinzai.jp/

ISBN978-4-322-12586-3